· 国家社科基金项目资助

· 浙江省哲学社会科学重点研究基地温州人经济研究中心研究成果

民营企业集群式海外投资模式研究

林　俐　余官胜　周欢怀　著

ZHEJIANG UNIVERSITY PRESS
浙江大学出版社

图书在版编目(CIP)数据

民营企业集群式海外投资模式研究 / 林俐等著. —
杭州：浙江大学出版社，2021.6
ISBN 978-7-308-21405-6

Ⅰ.①民…　Ⅱ.①林…　Ⅲ.①民营企业—海外投资—
投资模式—研究—中国　Ⅳ.①F279.245

中国版本图书馆 CIP 数据核字(2021)第 097598 号

民营企业集群式海外投资模式研究

林　俐　余官胜　周欢怀　著

责任编辑	石国华
责任校对	胡岑晔
封面设计	周　灵
出版发行	浙江大学出版社
	（杭州市天目山路 148 号　邮政编码 310007）
	（网址：http://www.zjupress.com）
排　版	杭州星云光电图文制作有限公司
印　刷	杭州良诸印刷有限公司
开　本	710mm×1000mm　1/16
印　张	12.5
字　数	210 千
版印次	2021 年 6 月第 1 版　2021 年 6 月第 1 次印刷
书　号	ISBN 978-7-308-21405-6
定　价	48.00 元

民营企业走出去：国际化的新研究、新起点

（代序）

　　阳春三月，林俐教授约我为他们的最新专著《民营企业集群式海外投资模式研究》写一篇序言。林教授多年来一直专注于民营企业国际化的研究，十多年之前，我就已经应约为她的一部书稿作序，这次再受邀约，非常高兴。

　　企业集群式海外投资，是在我国不断深化地对外开放进程中企业"走出去"进行海外投资中极为引人注目的新经济现象，也是国际贸易学者研究的热点问题。一个大国，在其经济发展到一定阶段之后，伴随着商品及劳务出口到一定程度，自然会形成资本输出的需要。中国经历了四十多年的改革开放，经济实力大大增强，正在经历着从一个资本净输入国向资本净输出国的转变过程。在这一过程中，有许多实际问题和理论问题值得深入探讨和研究。

　　林俐女士作为温州大学瓯江特聘教授，数年前便凭借着其敏锐的洞察力和深厚的专业素养，着手这方面的研究与思考。"民营企业集群式海外投资模式研究"是她主持的一项国家社科基金项目，千淘万漉虽辛苦，吹尽狂沙始到金。林教授在这一课题领域勤勉深耕多年，有志者事竟成，如今课题结项，专著面世，在此我向她表示诚挚的祝贺。

　　该书的大致内容，已在书的导论中做了言简意赅的阐述，本人不再赘言，只是对书的特点做一简要概括，力求使读者留下对该书清晰准确的最初印象。

　　首先，相较于学术界将较多目光聚焦于大型国有企业为响应国家对外开放战略而进行的海外投资，该书更着重于研究民营企业的海外发展模式，探讨它们如何以"集群出海"方式的联盟战略嵌入国际产业链。这是我国开放型经济的一项创新研究。相较于大多研究者将集群式海外投资和海外经贸合作区当作一种完全正向的经济发展趋势，来分析该投资模式的可行性与重要性，林教授更透过现象看本质，尝试分析该投资模式的内在经济逻辑、作用机理和运行机制。

该书概括了民营企业集群式海外投资的三种模式：海外商城、海外华人产业集群与海外经贸合作区。该书以浙江地区为典型案例，介绍了海外商城和海外华人产业集群的形成机理、影响效应及内在局限。海外经贸合作区是民营企业集群式海外投资最重要的载体和最具代表性的模式，林教授将其作为本书的研究重点，对这方面的研究尤为透彻深入，成果颇丰。对海外经贸合作区的介绍与分析正是该书的最大亮点。

该书详尽分析了截至 2016 年被商务部核定为国家级海外经贸合作区的全部 20 个合作区的区位分布、产业结构、园区演变、运行机理、投资效应及面临的问题，并通过对其中 8 个典型案例的深入剖析，指出目前合作区发展面临的困境，进而有针对性地为推进合作区的建设提供宏观层面和微观层面的政策参考。

其次，该书在研究中综合运用了理论分析、计量分析、案例分析和国际比较分析等方法。在理论分析方面，该书借助集群理论和供需均衡理论对民营企业集群式海外投资模式选择的机理进行解释，为集群式投资模式研究提供了理论依据。在计量分析方面，该书采用微观数据及与构建二值选择计量模型，对民营企业集群式海外投资模式尤其是针对海外经贸合作区的发展现状、影响因素与区位选择进行了实证分析，结论贴合实际，具有较强的说服力。在典型案例分析方面，海外经贸合作区建设可谓新兴现象，样本数量有限，立足于大样本且对样本随机性要求较高的计量方法不再适用，而典型案例研究展现出独特的优越性。林教授研究团队同样运用社会调查法，开展了包含海外经贸合作区实施企业调研、海外华人产业集群调研、国内外学者与研究者交流在内的多个层面的课题调研，获得大量原始数据，进而对典型案例深入剖析。在国际比较方面，他们通过对发达国家和新兴经济体的企业集群式海外投资模式的比较研究，寻找适合中国国情的企业集群式海外投资模式，为实现我国民营企业海外投资又好又快的发展和国家对外开放的不断深化出谋划策。

再次，经过多年积极探索，科学运用多种研究方法，该书得到了一系列值得重视的结论。通过典型案例分析，林教授研究团队国内市场建设经验和社会网络都是促进海外商城和海外华人产业集群形成的主要因素。他们尝试用政府、企业、市场的"三主体"和准备、建设、运营的"三阶段"的双维视角来分析海外经贸合作区的运行机理。对典型案例的研究发现，合作区在发展过程中存在着如空间布局空白或重叠、产业关联度不足、东道国不可预期的非市场风险、企业融资存在一定难度、专业人才不足等亟待突破的困境。通过国际比较总结，归纳出三类集群式海外投资模式，分别是产业链主导模式、社区化主导模式和园区模式，同时指出我国企业属于核心企业产业链外移模式，即以国内主建企业为核心，通过产业链外移（或延伸）带动相关企业进入特定园区，形成集群式投资。通过计量模型实证分析，得到了民营企业集群式海外投资的影响因素和区位选择等方面的结论。

最后，林教授研究团队并未止步于阐述民营企业集群式海外投资的内在经济逻辑及比较各主要经济主体的集群式海外投资模式的异同，而是切实结合当前经济全球化趋势、新一轮科技革命与产业革命以及国内经济发展阶段，提出了当前值得关注的民营企业集群式海外投资趋势，进而从政府与企业角度提出了10项推动民营企业集群式海外投资的对策建议，建议之全面令人叹服。正如该书所言，引导好民营企业海外投资发展与本地的转型升级已经成为民营经济发展的前瞻性、战略性和全局性课题。我相信，林教授之书能为我国有关政府部门和民营企业破解集群式海外投资面临的困境贡献力量，使海外经贸合作区建设更上一层楼。

在此，我衷心祝愿我国民营企业在"走出去"的过程中又好又快地发展，实现做大做强；衷心祝愿林教授研究团队上下求索，不断发现新现象，研究新问题，提出新观点，拿出新对策，为我国民营企业更好地融入全球经济体系实现更加深入的国际化而做出更新更好的贡献。

张旭昆

2020 年 12 月 23 日

于杭州西湖区嘉绿西苑

目　录

导　论 ……………………………………………………………………（ 1 ）

一、研究背景 …………………………………………………………（ 1 ）

二、概念界定 …………………………………………………………（ 2 ）

三、研究思路及方法 …………………………………………………（ 4 ）

四、研究内容 …………………………………………………………（ 6 ）

五、创新之处 …………………………………………………………（ 8 ）

第一章　民营企业集群式海外投资文献综述 …………………………（ 10 ）

一、集群式海外投资的优势 …………………………………………（ 10 ）

二、集群式海外投资动机与区位选择 ………………………………（ 11 ）

三、集群式海外投资的影响因素 ……………………………………（ 14 ）

四、宏观政策对集群式海外投资的影响 ……………………………（ 15 ）

五、文献述评 …………………………………………………………（ 17 ）

第二章　民营企业集群式海外投资理论分析 …………………………（ 19 ）

一、基于集群理论的集群式海外投资选择机理 ……………………（ 19 ）

二、基于供需均衡理论的集群式海外投资选择机理 ………………（ 25 ）

三、中国民营企业海外投资：集群式与独木式 ……………………（ 29 ）

第三章　中国民营企业集群式海外投资：发展现状、影响因素与区位选择

……………………………………………………………………（ 31 ）

一、中国民营企业集群式海外投资发展现状 ………………………（ 31 ）

二、中国民营企业集群式海外投资的影响因素：基于浙江省的数据……（ 51 ）

三、中国民营企业集群式海外投资区位选择：基于浙江省的数据 …（ 62 ）

第四章　中国民营企业集群式海外投资模式：海外商城与海外华人产业

集群 ……………………………………………………………（ 72 ）

一、海外商城：以浙江省为例 ………………………………………（ 72 ）

二、海外华人产业集群：以佛罗伦萨温商皮具产业集群为例 ………（ 80 ）

第五章　中国民营企业集群式海外投资模式：海外经贸合作区 …………（ 90 ）

一、区位分布："一带一路"沿线国家 ……………………………（ 91 ）

二、产业分布：兼具本国和东道国产业特点 …………………（ 95 ）

三、园区功能演变：由单一到多元 ………………………………（ 97 ）

四、运行机理：双维度视角 ………………………………………（101）

五、投资效应：集聚外部性 ………………………………………（110）

六、政治风险：成因及防范 ………………………………………（113）

第六章　海外经贸合作区典型案例研究 ……………………………（122）

一、越南龙江工业园区 ……………………………………………（122）

二、泰中罗勇工业园区 ……………………………………………（127）

三、俄罗斯乌苏里斯克经贸合作区 ………………………………（133）

四、乌兹别克斯坦鹏盛工业园 ……………………………………（137）

五、埃塞俄比亚东方工业园 ………………………………………（140）

六、匈牙利中欧商贸物流园区 ……………………………………（146）

七、中俄托木斯克木材工贸合作区 ………………………………（149）

八、中国—印度尼西亚聚龙农业生产合作区 ……………………（154）

九、进一步分析：合作区发展面临的困境 ………………………（158）

第七章　民营企业集群式海外投资模式：比较与借鉴 ……………（162）

一、美欧：产业链紧密集群 ………………………………………（162）

二、日本：财团式紧密集群 ………………………………………（163）

三、新加坡：园区开发招商 ………………………………………（165）

四、韩国：社区化松散集群 ………………………………………（165）

五、中国：核心企业产业链外移 …………………………………（167）

六、进一步分析：启示与借鉴 ……………………………………（170）

第八章　研究结论与对策建议 ………………………………………（172）

一、研究结论 ………………………………………………………（172）

二、当前需要关注的趋势 …………………………………………（174）

三、对策与建议 ……………………………………………………（175）

四、研究不足与展望 ………………………………………………（179）

参考文献 ……………………………………………………………（181）

后　记 ………………………………………………………………（190）

导　论

一、研究背景

近年来,随着我国对外开放的不断深化,对外开放的形式也在不断变化,在全球金融危机的负面影响尚未完全消退的环境下,企业对外直接投资(OFDI)逐步替代引进外资成为我国外经贸发展的新增长亮点。截至 2015 年底,中国 2.02 万家境内投资者在国外共设立对外直接投资企业 3.08 万家,分布在全球 188 个国家与地区,海外企业资产总额高达 4.37 万亿美元。在这种背景下,国内外越来越多的学者开始关注我国企业对外直接投资的行为模式。随着我国对外开放的不断深化,作为国际贸易纵深发展过程中出现的经济现象,海外投资既是国际贸易水平提高后的主动升级,也是国际贸易摩擦加剧倒逼的产物。海外投资中最引人关注的就是中国企业的"抱团"投资,也就是集群式海外投资。由于存在信息不对称以及东道国制度环境差异等问题,当前我国越来越多的企业采取集群的方式进行对外直接投资,也催生了学术界对这种行为模式的关注和研究。相比于大型国有企业,中小民营企业由于抗风险能力较弱,更需要采取集群的方式进行对外直接投资。2012 年全国商务工作会议明确提出要积极稳妥地实施"走出去"战略,落实重点项目,创新海外经贸合作区发展模式,支持企业集群式"走出去",完善支持政策和管理架构,引导更多企业"走出去"。引导好民营企业海外投资发展与本地的转型升级已经成为民营经济发展前瞻性、战略性和全局性的课题。

根据课题组调研,海外商城最初级的集群式海外投资模式,在 20 世纪 90 年代迅速发展,极大地带动国内商品的输出,经过若干年后,逐渐出现萎缩并转型。而正在兴起的海外经贸合作区,发展速度较快,民营企业的抱团出海具有共享信息资源并共同抵御投资风险的优势,但笔者也发现空间布局不尽合理、产业紧密度不大、受政策影响较大、专业化人才支撑不足等问题,将进一步制约海外经贸合作区的发展。同时,通过国际比较,笔者发现发达国家及新兴经济体集群式海外模式发展较早,相对比较成熟,有许多值得我们借鉴的地方。

那么,在集聚了大量民间资本的民营企业越来越成为我国经济的重要构成的背景下,这些企业大多经营劳动密集型产业,在产业利润空间极大地被压缩的背景下,他们的资金转向炒房、炒期货等虚拟经济。前几年沿海地区相继爆发了企业家"跑路"(潜逃)现象,表明民营企业(特别是内生性中小民营企业)亟待寻找新的投资空间。如何引导民营企业参与集群式海外投资,充分发挥民营企业集群优势,融入全球价值链? 如何破解集群式海外投资中面临的困境,实现发展空间的海外拓展? 对于诸如此类问题的探讨,不仅能为有关部门调整海外投资政策提供理论基础,有利于民营企业的可持续发展,而且对完善发展中国家的对外投资理论具有重要的理论意义。另外,民营企业是未来海外投资的正在上升中的主体,其海外投资模式的创新实践,不仅能提高自身竞争力,而且还能为其他企业参与国际竞争提供样本,为下一步中国企业海外投资高潮到来提供实践指导。

二、概念界定

(一)民营企业的概念界定

改革开放以来,我国国民经济最重要和最深刻的变化之一,就是多种经济成分和多种经营方式新格局的形成,特别是民营经济的兴起,对我国的现代化进程产生了深远的影响。所谓民营经济,是指由民间、社会团体、个体、家庭、家族及其他非政府所有和经营管理并独立承担市场风险和民事责任的经济组织,其实质就是以民为本的经济。谢健和任柏强(2000)对民营经济做了如下定义:所谓民营经济应该是指政府不直接干预、企业采取市场经济的运作方式,自主经营,自我管理,自负盈亏,在竞争中谋求自我发展的经营方式。从我国现实出发。他们将民营经济概念分为狭义和广义两个方面:从狭义上看,民营经济就是指产权清晰的私有经济,包括个体经济、私营经济、私人持股的股份合作制和股份经济,也即纯粹的民营经济,这与国外的民营经济概念是一致的。广义上的民营经济,即除了狭义的民营经济外,还包括集体经济、外资经济以及国有不控股的混合经济。虽然国内经济理论界的许多学者对民营经济的界定更倾向广义的概念,但社会各界对民营经济的理解往往采用狭义的概念。与此相对应的,狭义的民营经济组织包括股份合作制企业、联营企业、有限责任公司、股份有限公司、私营企业、个体工商户等。基于这一点,本课题的研究主体侧重于狭义的民营企业。

(二)海外投资概念的界定

本书研究聚焦于海外直接投资。综合对外投资主体、投资要素、投资行为与投资目的多个方面,可将对外直接投资定义为:投资者为增大企业资产、获取经济利益,利用技术、品牌和管理等无形资产及货币资本、生产设备等有形资产,通过在国(境)外新建、投资办厂或跨国并购等方式,对国(境)外企业经营管理权取得有效控制权的经济行为。

(三)集群式海外投资概念的界定

国内外关于集群式海外投资(Clustering Outward Direct Investment,CODI)并没有统一的定义。比较普遍的说法是,所谓企业集群对外投资,是指大量关联性企业为了抵御风险,获得群体规模经济,集体进驻到同一地区进行跨国投资,通过企业间的配套服务、关联互补等形成集群优势。

目前对集群式海外投资的说法还没有完全统一,如集群式投资与群体投资(徐维祥和朱恒福,2010)、产业链共同投资(王志乐,2003;毛蕴诗,2005)。群体投资(徐维祥和朱恒福,2010)是指企业之间存在产业链上的协作关联性,不仅具有 FDI 的集聚效应,同时还有 FDI 的产业链环节安排。

基于此,笔者认为集群式海外投资应该是相对概念,大致包含以下几种情况:

(1)多家企业通过组成企业集团的方式共同进行投资,即多家具有相关业务或产业链的业务先通过组建集团,然后以集团名义对外进行投资。

(2)领头企业先在国内进行并购再进行海外投资,即领头企业在国内收购其他相关企业,以领头企业名义对外进行投资。

(3)多家企业通过信息共享方式集中进行投资,即多家企业各自独立对外投资,但又相对集中于同一个区域。笔者更趋向于第三种情况。

在实践中,我国海外经济贸易合作区(Overseas Economic and Trade Cooperation Zone,OETCZ)就是通过多家企业通过信息共享的方式集中进行投资。[①] 海外经贸合作区是集群式海外投资最主要的载体,它是指在国家统筹指导下,国内企业在海外建设或参与建设的基础设施较为完善、产业链较为完整、辐射和带动能力强、影响大的各类经济贸易合作区域。

三、研究思路及方法

首先,依据集群理论及供需均衡理论,分析民营企业选择集群式海外投资的内在机理。其次,在纵向考察民营企业集群式海外投资现状的基础上,梳理并总结了海外商城、海外华人产业集群与海外经贸合作区三种模式,并通过设计相关数据及计量方法,对民营企业集群式海外投资的影响因素及区位选择进行分析。再次,对上述三种集群式海外投资模式进行实证分析,重点针对海外经贸合作区,就其区位选择、产业定位、园区演变、运行机理及投资效应等问题进行研究;运用国际比较与借鉴方法,对发达国家及新兴经济体企业集群式海外投资模式进行梳理,寻找适合我国企业的模式。最后,通过一组海外企业的典型案例剖析,并结合前面的研究,归纳出集群式海外投资面临的困境。在理论分析和实证研究基础上,提出推进我国民营企业集群式海外投资政策建议。

为此,本课题研究脉络具体如下:(1)文献资料查阅。为提取有关的数据、事实等信息,课题组通过手工检索和因特网及国际联机检索等手段,收集国内外相关研究资料;获取宏观层面数据;其间与美国华盛顿大学 Doniel 教授等建立联系,获取国外最新期刊文献。(2)界定集群式海外投资的概念,比较分析民营企业"集群出海"与"独木出海"的交易成本及优势,以及通过供需理论解释民营企业采取集群式海外投资的内在动因,为集群式投资模式研究提供理论依据。(3)对民营企业集群式海外投资的创建方式和运行机制进行研究,从中得出政府、企业与市场三者的作用机理。在此理论框架基础上,通过典型案例分析及国际比较等,针对现阶段集群式海外投资存在的问题,本书提出政策建议。

---

① 广西壮族自治区商务厅合作处.中国海外经济贸易合作区推介会在南宁举行[EB/OL].(2011—10—21)[2020—10—01].http://www.mofcom.gov.cn/.

具体研究思路与框架详见图 0-1。

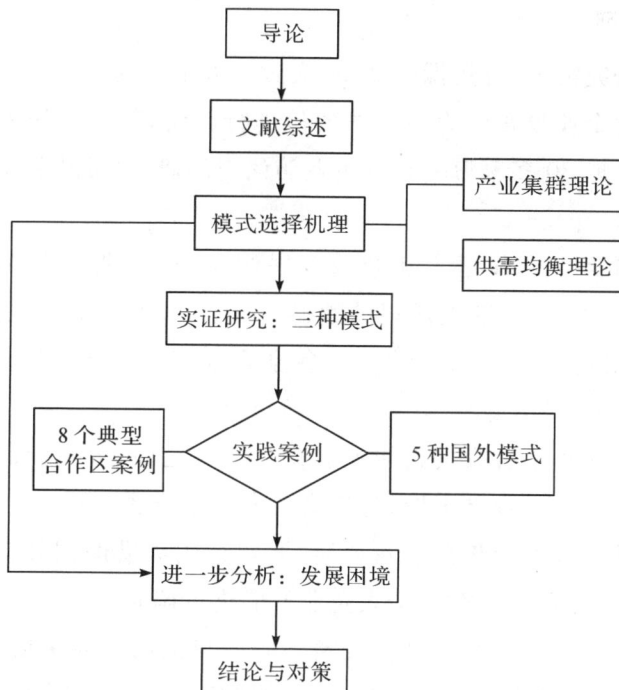

```
        ┌──────────┐
        │   导论    │
        └────┬─────┘
             ▼
        ┌──────────┐
        │  文献综述  │
        └────┬─────┘
             ▼
        ┌──────────┐      ┌──────────┐
        │ 模式选择机理 ├──────┤ 产业集群理论 │
   ┌────┤          │      └──────────┘
   │    └────┬─────┘      ┌──────────┐
   │         │     └──────┤ 供需均衡理论 │
   │         ▼            └──────────┘
   │    ┌────────────┐
   │    │实证研究：三种模式│
   │    └────┬───────┘
   │         ▼
┌──────┐  ◇────────◇   ┌──────────┐
│8个典型 │  ╱ 实践案例 ╲──┤ 5种国外模式 │
│合作区案例├─┤          │  └──────────┘
└──────┘  ◇────────◇
   │         ▼
   │    ┌────────────────┐
   └────┤ 进一步分析：发展困境 │
        └────┬───────────┘
             ▼
        ┌──────────┐
        │ 结论与对策  │
        └──────────┘
```

图 0-1　本书研究思路与框架

（二）研究方法

为开展课题研究，采用多种方法。（1）文献分析法，通过查阅该领域已有研究文献并提炼出有效的信息，用于概念界定等。（2）社会调查法，包括访问调查等方式，选择我国沿海省份的民营企业、海外经贸合作区境内牵头企业及海外华人产业集群（利用课题组成员的访学机会）进行调查并获得相关数据。（3）定量分析实证研究法，在数据基础上设计集群式投资模式的影响因素指标，并根据数据特征选择微观计量模型和方法，从实证角度研究民营企业集群式对外投资影响因素等。对数据样本的选择，课题组拟选取浙江或温州作为样本。中国对外直接投资统计公报数据显示，浙江在海外投资企业数量多年来居于全国首位，早在 2012 年浙江省拥有海外企业数量占到了全国总数的 17.1%，而且具有集群式特征，4 个国家级海外经贸合作区将提供大量的典型素材。（4）比较研究法，对发达国家及新兴经济体企业集群式海外投资模式进行梳理，寻找适合我国企业的模式。

(三)课题调研

根据课题研究需要,开展课题调研,大致分五个层面。

一是对民营企业投资较为集中的省份进行调研,其中走访浙江省杭州、温州、台州、绍兴等地30多家海外投资企业访谈与调研,对福建省福州、泉州等多家企业进行访谈。

二是对海外经贸合作区主建企业开展调研,对中俄的康奈集团、越南龙江的前江投资企业、乌兹别克斯坦的鹏盛企业、泰中罗勇的华立集团、老挝万象赛色塔的云南海外投资企业等10多家企业进行实地调研,获取第一手资料。

三是对外国对华集群投资区域如北京、天津、昆山、苏州、青岛等地进行调研,其中重点调研昆山、青岛等地,对集聚区内企业开展调研。

四是对海外华人产业集群进行调研,课题组成员借助国外访学机会,对意大利佛罗伦萨、米兰等进行海外华人企业集群进行调研。

五是与相关学者和研究者开展交流。先后与国内外相关院校及科研机构开展调研,例如与美国华盛顿大学Doniel教授建立联系,获取国外最新期刊文献,以及与浙江大学、厦门大学、上海社会科学院、浙江省商务研究院等研究机构开展交流。

近年来"一带一路"倡议的实施给课题组带来较好的研究环境。课题组与商务局及当地政协等部门的课题组合作,对"一带一路"倡议下海外经贸合作区建设开展重点调研,获得大量的原始数据,在调研报告的基础上形成相关的学术论文。

四、研究内容

除导论外,本书共分八章,具体安排如下:

第一章为集群式海外投资文献综述。集群式海外投资,作为一种海外投资创新模式及发展趋势,引起国内外学者关注,成为学界的研究热点。通过文献梳理发现,现有研究大多数集中于集群式海外投资优势、动机及区位、政策效应等的研究,但较少关注这种投资模式形成的影响因素及作用机理;此外,在研究方法上,现有文献的理论研究较多,基于数据与案例的相关实证却相对缺乏,缺少微观层面的数据支撑,这些都将成为课题组尝试突破的地方。

第二章为民营企业集群式海外投资理论分析。要深入了解中国民营企业集群式海外投资行为,首先需要探寻民营企业选择集群式海外投资的内在动因。本章主要以集群理论为基础,比较分析"集群出海"与"独木出海"的海外投资的优势与劣势;以供需理论为基础,分析集群式海外投资的供给侧与需求侧,在上述理论分析基础上,结合我国民营企业实际,进一步探讨其选择集群式海外投资的机理。

第三章为中国民营企业集群式海外投资:发展现状、影响因素与区位选择。本章采用 1979—2015 年对外投资统计数据,对我国企业海外投资进行纵向考察,进而对快速发展的民营企业海外投资现状进行分析,对其中集群式海外投资三种模式即海外商城、海外华人产业集群及海外经贸合作区进行梳理。浙江作为民营企业集群式海外投资的典型地区,我们通过采用微观数据与构建计量模型对该种模式的影响因素与区位分布选择实证分析。其中海外经贸合作区作为集群式海外投资的主要载体,将作为本课题研究重点。

第四章为中国民营企业集群式海外投资模式:海外商城与海外华人产业集群。本章以典型地区浙江为例,在梳理海外商城发展历程基础上,探讨其影响因素及效应等问题。研究表明,民营企业利用国内市场建设经验在海外创办商城,一定程度上对国内商品的输出起到带动作用,然而,这种初级的集群式海外投资方式逐渐衰退或演变为其他方式;同时,本书通过温商集中的佛罗伦萨皮具生产中心的案例分析,探讨海外华人产业集群形成机理,研究表明,社会网络是促进产业集群形成的主要因素。

第五章为中国民营企业集群式海外投资模式:海外经贸合作区。如前文所述,海外经贸合作区是民营企业集群式海外投资最重要的载体,也是最具代表性的模式。自 2006 年以来,各个层次的具有合作区特征的项目众多,但 2016 年仅有 20 个合作区被商务部核定为国家级合作区。这些合作区建设历史较长而且较为成熟,本章以该批 20 个合作区为重点研究对象,对区位分布、产业分布、园区演变、运行机理、投资效应及面临问题等进行分析,为下一步如何推进合作区建设提供政策参考。

第六章为海外经贸合作区典型案例研究。我国民营企业集群式海外投资正在成为海外投资的创新模式,而海外经贸合作区已被实践证明是一种正在建设并逐渐被认可的主要模式。通过 20 个经贸合作区总体考察及其中 8 个典型案例剖析,发现合作区在发展过程中面临的问题及亟待突破的困境,如空间布局存在空白或重叠、产业关联度不足、东道国不可预期的非市场风险、企业融资仍存在一定难度、专业化人才不足等,需要在宏观与微观层面提出相应的对策。

第七章为民营企业集群式海外投资模式:比较与借鉴。我国企业通过集群式海外投资,助力在国际范围内优化生产力布局,利用全球资源提升企业自身规模实力。关于企业集群式海外投资,发达国家及新兴经济体实践较早,并已经形成相对较为成熟的模式。为进一步梳理并解释不同投资模式,笔者通过查阅相关资料并实地走访调研,整理分析发达国家及新兴经济体的五种集群式海外投资模式。通过比较研究,笔者认为我国企业应结合中国国情,寻找适合中国的模式,才能实现海外投资又好又快的发展,从而达到做大做强的目标。

第八章为研究结论与对策建议。本章对本书的基本结论进行总结,提出推进集群式海外投资的政策建议,并指出本课题研究不足及值得进一步研究的方向。

此外,课题组在本研究过程中,发表阶段性成果论文 11 篇(其中,权威 1 篇,一级 4 篇),工作论文 3 篇,其中多篇论文被转载,产生一定影响力。相关研究成果获奖 2 个。

五、创新之处

(一)研究内容创新

针对学术界较多关注大型国有企业出于国家战略的海外投资,而对民营企业海外发展模式研究比较缺乏,本课题选择民营企业,特别是内生性(根植中国)的企业群体,系统分析拓展发展空间的紧迫性、海外发展的必要性和可行性,探讨"集群出海"战略联盟方式嵌入国际产业链,这些内容将丰富我国开放型经济的研究。

（二）研究方法创新

一方面,本课题将集群理论与供需理论运用到企业海外投资组织方式选择上,分析我国企业如何通过集群战略拥有规模企业谈判能力,从而规避高额市场交易费用;另一方面,本课题选取浙江省等民营企业发达的典型区域、国家级海外经贸合作区作为典型案例,对样本企业开展深度的调查,应用计量分析、典型案例分析、国际比较等方法,使得本书的研究更加具有实证依据,研究结论更具普遍性和规律性。

第一章　民营企业集群式海外投资文献综述

集群式海外投资作为一种海外投资创新模式及发展趋势,引起国内外学者关注,成为学界的研究热点。本章旨在梳理国内外关于海外投资尤其是集群式海外投资的相关研究,并进行总结分析,提出进一步研究的方向。通过梳理发现,现有研究大多数集中于集群式海外投资优势、动机及区位以及政策影响等研究,但较少关注这种投资模式形成的影响因素、运行模式及作用机理;此外,在研究方法上,现有文献的理论研究较多,基于数据与案例的相关实证却相对缺乏,缺少微观层面的数据支撑,这些都将成为课题组尝试突破的地方。

一、集群式海外投资的优势

Porter(1990)间接触及这个论题,德国、瑞士、美国及日本等多个国家的对外投资伴随着产业集群对外转移,从而提升国家竞争优势;Amin & Thrift (1992)、Dihcken(2011)等通过对集群包含的全球价值链节点与 ODI 之间关系的实证分析,认为集群企业将进行更多海外投资,从而支持了波特的理论;Dunning(2000)将这个概念运用到跨国公司的对外直接投资行为中,强调这种企业集群的优势也能在海外市场发挥作用。随着集群式海外投资的兴起,一些海外学者开始以海外园区为例,研究这种投资模式带来的优势。Brautigam (2010)以中非合作区为例,认为集群式投资会给中小企业带来优势,但其存在不确定且不成熟因素,将影响其后续发展竞争力;El-Gohari & Sutherland (2010)重点关注埃及苏伊士经济特区,认为海外园区是新的投资模式,并了解到中国对非洲的投资快速扩张且带来积极作用。

国内许多学者认为民营企业集群式投资可以快速整合资源从而比单体投资更具有竞争优势。其中,綦建红(2003)认为从企业互动、产业升级和效果外溢来看,集群式对外投资的竞争优势要远远大于单个企业对外投资的优势总和。蔡宁和杨旭(2002)、张昕(2005)、赵伟(2006)、高闯和王季(2007)、侯茂章和汪斌(2009)、陈楠(2009)、杭言勇(2011)、黄磊(2012)等也提出过类似的观点。陈雪芹(2013)提出通过集群式投资,而非以往点式的、分散的对外投资,将产业链延伸到海外,建立自己的区域和全球产业链,在全球范围内最有效地配置和利用各地的资源。胡志军和温丽琴(2014)认为我国民营企业对外投资模式新趋向"集群式"综合模式,既能避免高额的市场交易费,又能避免因完全内部化所导致的较高的组织成本。贾玲俊和萨秋荣(2015)认为海外园区起着一种纽带作用,联系着投资国与东道国之间的贸易,带来正效应;刘英奎和郭志刚(2017)认为我国海外园区在推动企业对外投资以及促进我国企业产能合作方面起到重要作用。

二、集群式海外投资动机与区位选择

(一)海外投资动机分析

1. 发达国家企业对外直接投资动机

研究发达国家企业对外直接投资动机的文献大体有两条线索,一条从国际经济视角出发,另一条从国际商务视角出发。在国际经济视角中,Markusen(1984)较早认为跨国公司出于规避高运输成本或东道国贸易壁垒的动机而进行对外投资(横向);Helpman(1984)则指出企业对外投资和生产转移的动机是为了获取更低的劳动成本或者自然资源(纵向)。Markusen & Maskus(2002)融合了 Markusen(1984)和 Helpman(1984)的模型,指出企业对外直接投资的横向和纵向动机可以同时存在;Grossman et al.(2006)则进一步强调了企业对外直接投资的复杂动机,即会同时向多个不同的国家进行多种类型的投资。以此为理论框架,Beugelsdijk et al.(2008)利用美国企业对外投资数据检验了横向和纵向动机,发现美国企业针对发达国家的直接投资多是出于横向动机,而针对发展中国家的直接投资多是出于纵向动机。

在国际商务视角的文献中,Dunning(1993,1998)的研究广为人知,将企业对外投资动机分为资产开拓和资产寻求两种类型。具体地,他认为包括资源寻求、效率寻求、市场寻求及战略资产寻求四种对外直接投资动机。在Dunning(1998)的基础上,Kuemmerle(1999)以及 Le Bas & Sierra(2002)等进一步发现企业进行对外直接投资并不是为了继续发挥自身优势,而是寻求与之互补的技术资产。Makino et al.(2004)基于日本的调查研究发现日本企业针对发达国家和发展中国家的对外投资也可以分为资产开拓和资产寻求两种类型。Dunning(1998)的分类得到了广泛的应用,Driffield & Love(2007)以及 Driffield et al.(2009)等利用该分类框架研究了企业对外直接投资动机产生的各类影响。

2. 发展中国家企业对外直接投资动机

近年来新兴发展中国家企业对外直接投资现象的出现及兴起也激发了学术界对其动机的探讨。与发达国家不同的是,发展中国家企业并不具有 Dunning(1993)所强调的各种优势,行为方式也存在较大差异(Buckley et al.,2007),因此先前针对发达国家企业的理论能否解释发展中国家企业对外直接投资动机尚不明确(Boisot & Meyer,2008)。最早研究发展中国家跨国公司对外投资行为的是 Wells(1983),他指出发展中企业对外投资的内部动机是具有适应低收入水平和小市场规模国家的技术。近年的研究则挖掘得更为细致深入,分别从技术资源、产业结构以及制度角度分析发展中国家企业对外直接投资的动机:Athreye & Kapur(2009)强调新兴发展中国家企业进行对外直接投资具有学习目的,是为了获取技术、品牌,以及人力资本等无形资产;Yang et al.(2009)认为发展中国家产业内的激烈竞争会促使一些企业通过对外投资进行规避,通过在海外开拓新的市场获取利润;也有学者认为发展中国家国内制度环境过于落后,行政过于腐败,使得一些企业无法生存,迫使这些企业通过对外投资的方式进行规避(Yamakawa et al.,2008;Luo et al.,2010)。

我国企业对外直接投资动机在近年来也备受国内外学术界的关注,由于我国特定的经济发展背景,大多数研究强调政府和制度动机对我国企业对外直接投资的影响。Wang et al.(2012)利用我国企业层面数据发现产业和政府因素是推动我国企业对外直接投资的主要因素;Kolstad & Wiig(2012)则利用跨国数据发现我国企业对发展中国家的对外投资是因为东道国制度与我国较为相近。国内学者的研究也得出了类似的结论,阎大颖等(2009)利用企业微观数据发现政府扶持对我国企业对外投资动机有重要的影响;陈岩、杨桓、张斌(2012)利用我国省际数据发现政府资源配置能力对企业对外投资有着重要的调节作用,并且各地区市场制度的差异也使这种作用存在区域差异。在其他的研究中,吴晓波等(2009)利用案例研究发现当竞争增加的情况下,如果企业不具备技术和市场能力优势,容易产生防御型市场寻求动机的对外投资行为;如果企业具备技术和市场能力优势,则容易产生进攻型市场寻求动机的对外投资行为。张建刚(2011)发现我国各区域企业对外直接投资动机存在较明显的差异,东部地区企业更为注重效率和战略资产的寻求,中西部企业则注重资源和市场的寻求。王疆(2014)指出中国企业对美国直接投资的动机为获取技术,而这种行为在一定程度上会受到环境不确定性的调节。陈瑛(2016)认为我国民营企业的投资动因具有明显的市场导向性和技术创新导向性。

(二)海外投资区位选择

邓宁(1993)最早研究了企业对外直接投资区位选择行为,基于 OIL 范式构建了资产开拓动机和资产寻求动机的区位选择理论,为后续研究提供了基本的理论框架。Driffield & Love(2007)以及 Driffield et al. (2009)后续的研究均利用邓宁的框架研究了发达国家跨国公司对外直接投资的区位选择及影响因素。与发达国家不同,发展中国家跨国公司并不成熟,其对外直接投资行为往往也与主流理论存在偏差,Yamakawa et al. (2008)、Yang et al. (2009)、Athreye & Kapur(2009)分别发现制度规避、竞争回避以及技术学习等是发展中国家企业对外直接投资区位选择的主要影响因素。Chenug & Qian(2009)、Kolstad & Wiig (2012)研究了我国企业对外直接投资区位选择行为,发现东道国的资源、制度、市场等因素是影响我国企业对其进行对外直接投资的主要因素。

崔新健和吉生保(2009)、潘峰华等(2013)等认为,区位选择理论已被广泛应用于我国企业的国内区位行为以及外资企业在我国的区位选择行为,但在我国企业对外直接投资区位选择领域,国内研究可以归纳为宏观和微观两个层面。一般而言,经济因素是企业对外直接投资区位选择的首要考虑,而受制度因素和发展背景的影响,这种差异较多体现在国别中,因此该领域的区位选择研究基本集中在对外直接投资国别的选择上。在宏观层面上,胡博和李凌(2008)、何本芳和张祥(2009)等分别通过对外直接投资动机视角、引力模型、企业异质性模型等方法发现东道国的资源、文化、制度等各种因素均影响了我国企业对外直接投资的区位选择。在微观层面上,王芳芳和赵永亮(2012)、陶攀和荆逢春(2013)等的研究通过异质性企业模型框架发现企业生产率是影响其对外直接投资区位选择的关键因素;宗芳宇和路江涌等(2012)、阎大颖(2013)等基于微观企业样本数据研究了我国企业对外直接投资区位选择的各种影响因素;薛汉喜(2002)研究认为,我国跨国企业案例也为微观视角的研究提供了较好的素材。

针对企业对外直接投资集群的国内外研究文献并不多。国外文献大致从两个方面展开:一是从企业网络角度出发研究了集群是企业对外直接投资过程中获取各种关系资源并取得投资成功的关键因素,代表性的有 Coviello(2006)以及 Dicken(2011)等人的研究;二是从空间地理角度发现集群有助于节约企业对外直接投资的各类成本而提升投资效率,代表性的有 Buckley & Ghauri(2004)、Cook et al. (2012)的研究。当前国内有关企业集群对外直接投资的文献基本上都是定性地提出概念以及政策措施,邹昆仑(2007)等均构建了我国企业集群对外直接投资的方式及支撑措施;潘松挺等(2008)分析了合作区区位分布的特征及现状,提出一般区位因素和特殊区位因素对于合作区的影响。李春顶(2008)和张广荣(2008)则从建设海外经贸合作区的视角探讨我国企业集群对外直接投资的方式。李青(2012)通过研究提出我国海外经贸合作区区位选择的影响因素可以概括为四个因子,依权重大小和影响排序即投资吸引因子、工业及消费水平因子、投资支持因子、人力资源因子。钟慧中(2013)以建设海外贸易平台为基础提出了企业对外直接投资海外集群的方式。

三、集群式海外投资的影响因素

在国外的研究中,Porter(1990)最早提出企业集群有助于强化企业的专业优势而获得更高的竞争力;Dunning(2000)将这个概念运用到跨国公司的对外直接投资行为中,强调这种企业集群的优势也能在海外市场发挥作用。Blomstrom & Kokko(2003)的研究发现企业集群和对外直接投资存在相互促进的关系,但这种关系因产业和地区存在较大的差别。在他们研究的引导下,国外学者近年来大多从企业网络和空间地理两个角度出发研究跨国公司对外直接投资的集群现象。在企业网络方面,Coviello(2006)在采用网络理论分析新晋企业国际化行为中,运用大量的跨国公司海外经营案例发现在海外企业集群中获取各种关系资源是获得对外直接投资成功的关键因素。Dicken(2011)指出企业能在集群网络中获取更多资源是该企业在国际化经营和对外直接投资中的重要能力之一,并且集群网络也是企业对外直接投资过程中获取全球信息的重要纽带。在空间地理方面,Buckley & Ghauri(2004)基于空间经济学研究了地理集群对企业对外直接投资的影响,发现地理集群能从劳动力成本节约、技术获得等多个方面提高企业对外直接投资的效率。Cook et al.(2012)的研究也进一步验证了地理集群有助于推动企业对外直接投资,更深入地,他们的研究发现不同的对外直接投资企业从集群中获得的收益存在差别,经验和资源丰富的企业能从中获得更多的收益。

国内关于集群国际化的研究大多集中于引进外资的集群模式,研究对外直接投资集群模式的文献较少。在少数的研究中,綦建红(2003)从多个维度较早提出了中小企业应采取产业集群的方式进行对外直接投资,并提出了相应的政策措施。邹昆仑(2007)研究了企业集群对外直接投资的特征,并依此提出了促进企业集群对外直接投资的产业基准和政策支撑。李春顶(2008)和张广荣(2008)从不同视角均研究了海外经贸合作区建设对我国企业对外直接投资的影响,也可以理解为思考企业在东道国集群式直接投资的一种方式。钟慧中(2013)基于交易治理和集聚理论分析表明贸易集聚也是我国企业对外直接投资的一种有效模式选择,可以理解为通过贸易平台的建设推动我国企业对外直接投资在东道国的集群。郑展鹏(2013)则研究了我国企业对外直接投资在国内的空间集群,发现这种国内地区集群现象随着对外直接投资战略的推进呈现出先集中后分散的特征。曾芳兰(2016)则指出我国海外经贸合作区作为集群式投资的平台,会受到东道国的政治法律因素、经济因素、社会文化因素和基础设施因素的影响。

四、宏观政策对集群式海外投资的影响

集群式海外投资模式广义上有多种表现形式,如海外商城、海外华人产业集群、海外经贸合作区等。赵建华(2009)认为,合作区是最主要的载体,代表未来的趋势。接着,其他学者就合作区开展一系列的研究。首先,政策支持有着

必要性。徐强(2006)认为,合作区可以各方面推进中资企业"走出去",积极影响国家利益,进而总结出合作区四个方面的作用。康荣平(2009)的观点是,每个国家企业"走出去"的最大难题,都是怎样让大量中小企业在海外投资建厂。我国正在尝试合作区模式创新,从其发展来看,定会为中小企业"走出去"提供有力平台和保障。严日旺(2013)分析了浙江海外经贸合作区案例,提出了浙江民营企业以集群式的方式"走出去"的必要性和可行性,认为集群式是较为理想的方式。余索(2014)分析了由中资企业在海外开发打造成熟的产业园区,使其作为中资企业海外投资的平台,可以有效地弥补投资经验不足的问题,少走弯路,加快中资企业海外投资的进程,具有重要的意义。其次,宏观政策对集群式海外投资影响较大。Brautigam & Tang(2011)调查了中国致力于在非洲建立的一系列官方经济合作区,分析了这些合作区的背景、动机和实施,认为在非洲已经形成一种独特的、实验性的发展合作模式。刘耘(2006)发现民营企业跨国投资过程中对政府政策十分敏感,政府在鼓励和引导企业集群海外投资中应采取相关扶持方式。朱国芬(2006)、欧阳峣(2007)、邹昆仑(2007)、衣长军(2008)、徐维祥和朱恒福(2010)等人也提出类似的观点。肖文和殷宝庆(2010)综合分析民营企业自身及东道国市场环境等多方面因素,通过企业对外投资相关案例研究,提出了我国民营企业对欧盟四种主要投资模式,并进一步就如何更好地发展对外投资提出政策建议。赵建华(2011)研究认为,与单个企业"走出去"相比,集群式"走出去"更体现了政府的引导或参与,这也在逻辑上使得企业的选择和政府的战略导向趋于一致。张向阳、陈楠希(2012)提出对于资源要素驱动型对外投资,政府要通过政策支持,以形成境内外"产业集群链"的方式参与全球竞争,逐渐实现从全球价值链的参与者向价值链主导者的转变。刘志强和陶攀(2013)研究表明,对于转移低端的产能过剩的成熟产业,国外生存能力差,各自"走出去"成本高、风险大,应该在政府主导和龙头企业的带动下,采取集群式对外投资模式。严日旺(2013)从政府政策支持角度对浙江民营企业集群式对外投资的现状和必要性进行了充分的分析和论证。杨挺(2014)分析认为,国家相关的政策支持不到位,一部分国内因素影响了企业的对外直接投资。张冬霞(2016)认为海外经贸合作区在建设和运营过程中仍然面临着前期开发投入大、产业特色不突出、政策性风险大等众多问题和挑战,需要政府扶持政策。

五、文献述评

通过对现有文献的回顾,笔者发现上述国内外学者的研究成果为本项目研究提供了十分有益的理论和实证基础,然而,也有一些未尽之处,需要进一步发展和完善。目前关于海外投资的研究大多数集中于集群式海外投资优势研究,但较少关注这种投资模式形成的影响因素及作用机理。自从集群式海外投资的概念被提出,学术界对其的研究都是基于可行性和有效性的出发点,分析了集群相对于单独投资的优势。无论是深化产业配合、拓展企业网络或是降低经营成本,都是从集群式海外投资的实际效用上大做文章。然而少有文章提及集群式海外投资产生的路径和动力因素,大多研究把集群式海外投资当作自然而然的经济现象,而且是一种完全正向的经济发展趋势,从而忽略了这种必然性经济现象产生背后的曲折性及渐进性。缺少对集群式海外投资模式形成的影响因素及作用机理的研究。我们不能看清对外投资的形成路径,也因此不能有效地预测对外投资未来的发展走向,在对实务的指导上也只能借助于经验性的总结,而不是细化的理论拆分。

在海外经贸合作区研究方面,笔者发现相关研究并不多,现象描述较多,对合作区的运行机理研究存在空白。首先,国内学者的研究多是从合作区的现状和问题着眼,讨论合作区建设的必要性、可行性及优势,以及国家政策对合作区的重要性。其次,对于合作区的规划性研究集中在合作区的产业布局和区位布局上,但对合作区的内在经济逻辑和运行机制的分析研究有所欠缺,本书试图弥补该部分的不足。最后,虽然现有研究都对合作区政策支持提出了建议,基本上从单一政策出发,对合作区与国家战略之间的联动关系鲜有涉及,而且海外经贸合作区发展更需要政府、园区、企业三个层次主体的共同参与,而这点在之前的研究中较少提及。

在相关政策研究方面,集群式海外投资的发展离不开政府的政策支持,这在学术界已达成共识,但是目前大多数研究基本上从单一政府政策出发,仍比较零散,不够系统。集群式投资也需要行业协会参与,而这点却被现有研究所忽视。我国是一个具有强有力政府宏观调控的国家,这是我们发展经济的优势之一。我国政府能通过政策倾斜来把控经济走势,政府这只看得见的手充分参与了经济的运行,在对外投资领域更是如此。有着严格的投资政策规范和多种具有针对性的政策支持,这无疑成了学者在研究对外投资时绕不过去的关卡。但是政策的强势不能完全掩盖行业协会对企业自身的作用,甚至可以说企业和行业分别是微观和中观内因,是对外投资发展的最终决定力量。政府、行业和企业只有形成合力才是民营企业对外投资的底气所在。

此外,在研究方法上,无论是对海外经贸合作区还是对民营企业集群式对外投资,现有文献的理论研究较多,基于数据与案例分析的相关实证却相对缺乏,缺少微观层面的数据支撑,这也是课题组尝试突破的地方。

第二章 民营企业集群式海外投资理论分析

要深入了解中国民营企业集群式海外投资行为,首先需要探寻民营企业参与集群式海外投资的内在动因。本章主要以集群理论为基础,比较分析"集群出海"与"独木出海"的海外投资的优势与劣势;以供需理论为基础,分析集群式海外投资的供给侧与需求侧,在上述理论分析基础上,结合我国民营企业实际,进一步探讨其选择集群式海外投资的机理。

一、基于集群理论的集群式海外投资选择机理

民企集群"走出去"优势的理论基础来自产业集群理论,将产业集群理论运用到跨国直接投资领域是众多经济学家的新尝试。本章尝试应用产业集群理论来分析民营企业为什么选择集群式海外投资的内在机理。

(一)产业集群理论

新古典经济学代表人物阿尔林雷德·马歇尔(Alfred Marshall)的外部经济理论提出了内部经济和外部经济的概念,作为第一个阐述产业集群理论的经济学家,他认为企业集群的本质是具有分工性质的企业在特定地区的集聚,目的是获得外部规模经济的好处,许多性质相似的企业集中在一起就能获得外部经济的好处。在对外直接投资领域,民营企业单独"走出去"并不能享受到集群规模经济的好处,而包含整个产业链且具体分工详细的企业一起"走出去",可以降低企业自身的内部成本,获取企业群内尽量多的外部经济性。所以从成本上来说,集群"走出去"可以降低企业的内部成本。韦伯在工业区位理论中,从微观企业的区位选择角度,阐明了企业是否集群取决于好处和成本的对比。民营企业大都是中小型企业,参与市场的充分竞争,只有集群的好处大于相应的

成本,使企业整体上降低成本,企业才会愿意集群。

新制度经济学理论代表人物奥利弗·威廉姆森(Oliver Williamson)认为,中间性组织介于纯市场组织和科层组织之间,作为一种组织形式,它可以有效地克服市场失灵和科层组织失灵并节约交易费用。集群作为一类中间性组织,不仅群内的企业地理位置邻近,而且具有一定的分工合作性质,有利于提高信息的对称性并节省企业搜寻市场信息的时间和成本,大大降低交易费用。在对外直接投资方面,民营企业在异国他乡进行生产经营,单个群外企业面临的市场交易费用比国内高很多,而通过集群"走出去"的民企可以分享中间性组织的优势,降低交易费用。

区域经济动态理论代表人物沃尔特·艾萨德(Walter Isard)认为,集群增强了企业的学习能力,减少了创新的不确定性。在特定区域内企业的创新能力已经成为区域保持竞争力的核心。而企业的学习能力,不仅仅取决于企业本身的结构和战略,更多依赖于企业的外部因素。在海外集群的民营企业,拥有相同的文化背景,通过地理临近和学习便利,实现技术的创新、扩散和知识的积累,同时又反过来不断提高集群的创新能力,减少创新的不确定性,进而吸引更多的关联性企业加入集群。企业集群与创新之间是相辅相成的。因此民营企业集群对外直接投资拥有创新能力上的竞争优势。

新经济地理学派保罗·克鲁格曼(Paul R. Krugman)以规模报酬递增、竞争市场结构不完全为前提,把经济地理理论纳入了主流经济学。他认为产业集聚是由于规模报酬递增、运输成本降低、生产要素易于转移等多方面相互作用的结果。并证明了中心—卫星模型是工业活动空间集聚的一般趋势。民营企业在对外投资中集群,分享集群带来的规模优势,使企业在国外市场更具竞争力。

迈克尔·波特(Michael E. Porter)的国家竞争优势理论中给出民营企业集群,指具有一定关联的民营企业或机构大量分布在一定地域范围内并无形中形成了稳定并相互依存的整体。从生产组织模式来讲,这是介于市场组织和层级组织之间的中间型组织,具有比市场更稳定又比层级组织更显灵活的特征。

增长极理论与开发区的关系相对较为紧密和直接。增长极理论于 1955 年由法国经济学家弗朗索瓦·佩鲁(F. Perrox)在《略论发展极的概念》一文中进行了分析。他认为,并不是所有地方都会同时发生增长现象,在不同的增长极或增长点上会出现不同的增速,进而经过各种管道扩散开来,对经济的发展也有着不同的影响。坦白来说,并不是每个公司在经营过程中都有着同一的增速,基本上都是那些有竞争优势的产业或有创新水平高的企业增长势头更迅猛,然后向周围辐射。从地域空间来看,那些增速高的产业和企业,并不是均匀分布于区域空间内,通常是相对比较集中在一些城镇中心,它们率先发展强大,接着再向外扩散。此增长中心就是通常所说的增长极,这种增长极内首先集中分布了优势产业和创新企业,其次能够有效带动区域经济的快速发展。

综上所述,产业集群理论的优势可归纳为表2-1。

表 2-1　产业集群理论优势概述

	外部经济理论	新制度经济学理论	区域经济动态理论	新经济地理学理论	国家竞争优势理论	增长极理论
代表人物	马歇尔	威廉姆森	艾萨德	克鲁格曼	波特	佩鲁
产业集群优势	外部经济,专业化分工,市场共享	"柔性"专业化,灵活生产,网络本地化	技术扩散,创新学习能力增强	规模报酬递增,成本降低	钻石模型,集群竞争优势	倡导政府干预以推动核心产业发展

资料来源:笔者整理。

根据产业集群理论并结合我国集群对外投资实践,笔者认为海外经贸合作区正是各种关联产业通过产业集群的方式,以地区为单位形成的区域产业组织。合作区内企业发展的好坏直接关系到合作区整体运行状态的好坏,合作区内企业之间的关联性是决定合作区存在与否的必要条件,同时,合作区运行环境的好坏也决定了合作区内企业的融资、发展及创新。

(二)集群式海外投资优势:基于集群理论的分析

将产业集群理论应用到对外投资领域,笔者尝试提炼出民营企业对外直接投资集群具有以下优势:专业化优势、网络化优势、创新能力优势、规模经济优势、相关产业优势与扩散干预优势。以微观企业为视角,笔者探析集群对外投资给企业带来的优势。民营企业以集群方式对外直接投资,将集群的优势发挥到对外投资领域,规避单个游离企业在对外直接投资及经营过程中有可能遇到的部分困难和风险,增强企业"走出去"的成功率。民营企业集群式对外直接投资因为具备了集群带来的以下各种优势,所以更加适合中小民企"走出去"的方式。比起独木式出海,集群式出海具有独特优势(见表 2-2)。

表 2-2　集群式出海与独木式出海优势比较

优势类型	集群式出海	独木式出海
专业化	大量专业性民企对外直接投资的空间集聚效应带来专业化人才、中介服务金融机构、政府办事机构、供应商及采购商的大量集聚,使群内民企可以获得高质量、低成本的各类专业化服务	对外投资的游离民企由于地域分散,无法吸引专业化人才和中介机构紧随,民企在办理律师、税务、招聘优秀人才、搜寻供应商采购商等各方面将受到制约,成为民企进一步发展的障碍
网络化	对外投资的集群民企基于共同的文化背景和价值观,降低了民企在交易、沟通、监督等方面的隐性成本。并且由民企集聚带来的人才搜寻、物流、技术获得等方面都具有一定的成本优势	游离的单个海外企业的发展受限于当地的配套行业的发展状况,包括物流、包装、仓储、劳动力市场等。并且在交易、沟通和监督上付出更大的隐性成本,给企业的经营带来负担
创新能力	对外直接投资集群的民企具有专业性、关联性、集中性、技术性较强的特点。专业化分工与协作关系增强了民企的专注度,共同的文化背景增加了民企间的信任和交流,加速技术的扩散效率,使学习并更新技术变得容易,提高民企感知创新机会的能力并且降低创新风险	缺乏对自身产品的专注度。民企孤立于异国,文化背景的差异阻碍了同业交流,对新技术的感知能力较弱,缺乏创新人才的集聚,创新的难度、成本和风险都很大
规模经济	集群作为中间型生产组织,既具有单个企业的灵活性,又能享有大型企业的外部经济性。群内企业的高度专业化带来了生产效率的提高,成本下降	对外投资的游离民企个体规模不大,没有内部规模经济也难以分享到外部规模经济的优势
相关产业	上下游产业相互支持,"柔性"分工,最大限度地降低投资及运营成本。	缺乏上下游产业相互支持,不能享受其他产业外部性,由此,成本无法降低
扩散干预	对外直接投资民企集群提高了国内政府及集群所在地政府对整个企业群体的重视。通过群内行业协会或商会,建立了双向信息交流渠道,集群企业的利益诉求更容易被接受,享受群内独有的各种税收、通关、配额等优惠措施。在危机的处理过程中,群内民企更容易获得政策的扶持	单个民企有效传递个体利益诉求信息的途径受限,无力获得照顾性的税收、通关、配额等优惠政策。甚至难以获得国民待遇,无形中增加了民企的负担。在遇到危机时,大部分游离民企只能依靠自身力量去克服,难以获得特别的政策扶持

　　资料来源:笔者整理。

1. 专业化优势

民营企业能够在集群内高效率地获取专业化资源，为企业的对外投资和经营提供竞争基础。一个活跃集群中的企业能够利用已有的专业化和熟练的雇员集合，因此可以降低招募员工的搜寻成本和交易成本。通过集群形式可获得高素质的员工和高水平的供应商，得到专门化的信息，更好地满足其资产的互补性，享受当地的公共产品，并更有效地对员工进行绩效评估。同时群内大量的企业能吸引大量的供应商及众多服务机构甚至政府部门。这些都为群内企业对外投资和经营提供殷实的竞争基础。相反，单个游离民企难以吸引到通晓国际规则的复合型经营管理人才，银行贷款渠道不通畅，信息闭塞，不能得到政府部门的有效支持。

2. 网络化优势

企业的经济活动根植于社会经济关系中。企业与企业、人与人之间的合作往往基于共同的社会文化制度背景和共同的价值观，使得信任得以建立并降低交易的监督成本和机会成本。集群对外直接投资的民营企业具有共同的文化背景，在交流和沟通上更易建立信任。这是群外的民企所不具备的隐性成本优势。在信任建立的基础之上，集群还具备了其他的成本优势：第一，集群内企业联系紧密，信息交流频繁，产品具有一定的关联性，容易获得各种技术信息及市场供求变化信息，节约了企业交易成本。第二，集群内的企业享受着较低的劳动力成本。由于在集群地域，相关的专业人才聚集，有利于劳动力市场的发展和发育，这可以为企业节约人才搜寻成本及劳工薪资成本。第三，集群能节省物流成本。由于行业相关企业集群效应，群体内部形成了高效的分工协作系统。同时巨大的集群市场给予相应的辅助行业市场吸引力，它们会配套地分包相应的业务，可大量减少企业采购、运输和储存费用。相反，单个游离民企却需要付出极高的成本代价。

3. 创新能力优势

新技术和创新思想的传播效率依赖于空间距离，对外直接投资的集群企业除了在空间上聚集之外，群内企业还具有专业性、关联性、集中性、技术性较强的特点。专业化分工与协作关系增强了企业的专注度，共同的文化背景增加了企业间的信任和交流，加速了技术的扩散效率，使学习并更新技术变得容易，这就必然使新技术及创新思想在企业间迅速传播。通过"传染模型"（如图 2-1 所示），我们可以清晰地看到创新技术在民营企业集群内部扩散。①集群的企业在地理位置上相互靠近，企业间的信息传递和反馈成为常态，运输和信息搜寻等交易成本降低；②集群企业专业化分工和协作关系有效地刺激着企业的创新能力；③集群内企业的相互信任有利于技术创新的合作；④集群使企业学习新技术变得容易和低成本。⑤由于密切地嵌入了上下游供应链中，提高了群内企业感知创新机会的能力并且降低创新风险。

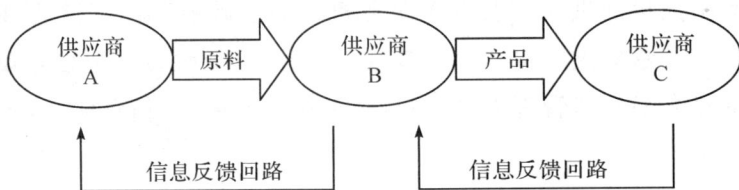

图 2-1　信息反馈回路

创新理论的先驱熊彼特在提出创新理论的同时就曾指出："创新不是孤立事件，不是在时间上均匀分布的，而是趋于集群，鱼贯而出；创新不是随意均匀分布于整个经济系统中，而是趋于在某些特定环境中聚集"。集群能提高群内企业的创新能力，使民企在对外投资过程中获得持续竞争力。

4.规模经济优势

企业集群的本质是具有分工性质的企业在特定地区的集聚，目的是获得外部规模经济的好处，许多性质相似的企业集中在一起就能获得外部经济的好处。在对外投资的集群中，每个企业承担产业链条的某一环节，实行高度专业化的分工协作，生产率较高，使无法获得内部规模经济的单个中小企业通过外部合作获得规模经济。通过集群对外投资，群内企业能获得规模经济，提高生产效率和国际市场应对能力。集群内的民营企业在对外投资经营过程中可以发挥小企业机制灵活的优势，对市场信息反馈和传递十分迅速，有利于企业捕捉市场机会，及时调整产品结构和营销战略。企业在享受机制灵活的"柔性"的同时还能获得大企业的规模经济效应，实现资源的优化配置。通过集群"走出去"的企业可以在不牺牲"柔性"的前提下获得规模经济，比单个游离企业具有更高的经济效率。

5.相关产业优势

集群有利于产业价值链的充分细化，集群内每一个企业只能参与产业价值链中非常细小的环节,分工协作程度高,造成产业价值链的充分细化,形成价值链"上游环节"和"下游环节"的充分细化。产业细化的最直接的结果就是行业的专业化程度提升,专业化使得企业的经营范围收窄,产品的质量升级和创新会得到更多的重视和投入。同时企业的专业化经营使得企业之间的合作变得尤为重要,单个企业无法完成一项或一组产品供应,那么彼此之间在生产的过程中会密切联系,无论是在零部件组合还是在整体产品的行业标准上都会高度的趋同,因此行业之间由松散的企业变成了有机的链条式和网络式的生产系统,而且该系统呈现出逐渐外扩的趋势,产业链条不断延长,相对于单个企业而言相关产业优势明显。

6.扩散干预优势

海外集群内的各民企可以高效地与政府及行业协会进行交流,获取相应资源。中小民营企业在投资国生产经营过程中,必然会遇到所在国各方不一样的利益诉求。很多时候单个企业根本无力也无法自己解决,只能依靠母国政府的影响力。在各民企信息的汇集与政府利益政策宣传方面,明显处于集群内的企业拥有更高的沟通效率。所谓"近水楼台先得月",集群内的跨国民企将更先享受政府的优惠政策,并更可能解决其面临的困难。

二、基于供需均衡理论的集群式海外投资选择机理

(一)供需均衡理论

马克思在《资本论》第二卷资本的流通过程中对社会再生产供需均衡理论进行了系统研究,运用历史唯物主义观点与辩证均衡分析方法,通过对简单再生产与扩大再生产均衡条件的分析,全面论述了社会生产总过程中生产、分配、交换、消费之间的动态均衡,由此推广到资本流通范围的外向化,以对外投资的形式扩大再生产,寻求全球市场的供需均衡。资本的外向流通是建立在国际政治交往的基础之上,不可避免地需要借助政治经济学的理论范式进行分析。这相对于西方经济学中资本流动的自发性和顺畅性假设更符合现实情况,因此对集群式海外投资这一经济现象的解释力更强。

马克思的供需均衡理论在解释资本输出时得以集中体现,他认为资本输出的根本动力在于追求利润的最大化,对外投资乃是在更大的市场范围内追逐更

大的利润。马克思基于剩余价值利润断定资本输出具有必然性,工业进步产生了资本剩余,国家政治交往日益密切,资本输出的基础得以进一步夯实,使得对外投资成为现实。同时,该理论认为投资的实现主要取决于市场的需求,他认为追求最大利润的必然性成为投资的内部动力,而该必然性得以实现仍需要一系列的关系,其中资本的积累是投资实现的基础条件,剩余产品是投资实现的必要条件,而市场需求是投资实现的主要条件。马克思认为,价值是投资产品实现的关键,因此,市场需求决定了投资与否及投资的范围和规模。

应用马克思的供需均衡理论对集群式海外投资之所以有较强的解释力,是因为供需均衡理论有着以下特点:(1)理论基础层面,马克思的供需均衡理论以劳动价值论为基础,而西方经济学的供需理论则是建立在效用价值论的前提下。(2)理论探讨层面,马克思供需均衡理论强调社会经济关系整体运行对均衡的作用,注重上层建筑与法律规范对均衡的影响,分析的范式属于政治经济学范畴。(3)考察的社会形态背景层面,马克思供需均衡理论认为在不同的社会形态背景下均衡产生的要求也不同,把政治模式作为重要的变量纳入到均衡实现的条件集合中。马克思均衡理论与我国的市场经济模式有着天然的契合性,一方面能填补发展中国家对外投资的解释缺陷,一方面对政府在集群式海外投资的角色做了学理的论述,尤其对合作区的建设和发展具有积极的现实意义。

(二)集群式海外投资选择:基于供需均衡理论分析

1.供给侧分析

我国自改革开放以来,经济增长迅速,但在高速增长的同时消费能力却未能同步增长,累积了难以自我消化的生产能力,成为我国经济结构调整的沉重包袱。国内产业的转型升级已得到普遍共识,但是单靠行政力量的硬着陆不仅难以实现转型升级目标,而且会加剧经济下行的压力,甚至在短期内造成社会的动荡。化解产能过剩的问题不能一步到位做到产业的整体升级,而要有序进行,首先做好过剩产能的转移工作,为转型升级赢得充足的时间和平稳过渡的环境。

(1)国内产能过剩需要承接地和缓冲期

产能过剩既是我国经济增速放缓的表现,又是其原因之一,在未来一段时间内中国的经济发展仍难以摆脱产能过剩之痛。我国的产能过剩问题具有严峻性和成因的多样性等特点,这些特点交织,决定了我国产能过剩问题解决的复杂性与艰巨性,而且,经济发展、转型升级、环境保护、就业增长等问题重叠,左右牵制,难以厘清产能化解的思路。过剩产能的消化是一个长期的痛苦的过程,需要市场机制的不断发育成熟,也需要政府治理能力的逐渐提高。而我国产能过剩的形势拖不起,在找到根本性的对策之前,需要把过剩产能转移出去的治标手段,转移的目标自然瞄准到那些市场需求增加而产能不足的国家和地区。我国现有的合作区,多数的主导产业在国内都面临产能过剩的问题,而在东道国却有着对口的市场需求,在短时间内经营的效益仍有上升空间,这就为我国产能化解争取到宝贵的缓冲时间。

(2)资本扩张的天然属性

我国经济的快速发展,一方面累积了大量财富,出现可用资本的剩余;另一方面,经济结构滞后于经济发展而无法完全消化掉市场上的资本剩余。闲置或者低效利用的资本无法在国内市场得到满意的回报,资本逐利属性自然会促使这些资金另辟新路,由于国内仍未放开个人直接海外投资,而且单打独斗式的企业海外投资需要承担过多的附带性成本,因此,"抱团取暖"的集群式海外投资成为国内资本"走出去"的重要选项。类似于合作区这种集群式投资模式的发展与我国现阶段的经济水平是高度吻合的,国内的生产能力和资金供应出现剩余,需要在国际市场上一展身手;而国内单个企业往往力量有限,难以掌控大规模的跨国经营,需要联手结盟,这体现出现阶段我国由商品输出到资本输出过渡的特征,也符合我国转型升级的路径选择。

(3)产业园区理论和实践逐渐成熟的催化效应

20世纪90年代,在全球产业集群热的推动下,我国的产业园区数量猛增,很多地方政府把建设产业园区作为拉动地方经济增长的引擎。经过20多年的近似野蛮的生长,产业园区在实践中不断修正磨炼,遭遇过失败,也在失败中累积了丰富的经验和教训,模式上不断调整完善,园区效益也有所提高,一种具有中国特色的社会主义集群式投资模式逐渐形成。国内产业园区的优势逐渐显示出来,政府不断加强对经济园区的重视,大力推广产业园区经验和模式,从而为合作区的形成和发展提供了理论基础和操作雏形。东道国日益增长的市场需求无法自我满足,需要与政治上值得信任,经济能力可以依赖的国家进行合作,无疑中国成了最佳的"联姻"选择。与中国进行经济合作就是在互惠共赢的基础上共筑美好未来,这一点东道国也是深信不疑。

2.需求侧分析

在我国存在生产能力过剩的情况下,世界范围内很多国家地区对生产能力有着巨大的需求缺口,例如亚非的大多地区的工业水平仍大量需求传统产业。这种过剩供给和需求缺口之间并不会以市场的力量进行自动衔接,中间有着地缘距离、政治外交、文化异同等重重阻隔,打通二者之间的联通关节需要政府做大量的工作,正是基于这样的逻辑,我国政府提出集群式海外投资的构想,继而付诸实践,并在此过程中扮演重要角色。

(1)承接世界各国过剩产能

由于民营企业集群大都集中于劳动密集型的传统产业,这类企业在国内市场已趋饱和的现象尤为突出。而对于经济发展水平相对落后的发展中国家,这些企业的技术及物质资本则是它们经济建设所急需的,因此,对承接我国产业转移存在巨大的空间。通过集群式海外投资,一是可以将国内部分产能过剩但具有相对优势的边际产业转移到有需求和潜力的国家,摆脱国内竞争激烈的压力和狭小的市场空间,提高企业资金、技术、设备等的使用效率,延长产品的生命周期,使企业在更广阔的空间进行资源的优化配置,获得更大的市场空间。二是利用我国边际产业转移和全球性产业转移的时机,使民营企业更快地转向深加工、精加工等高端生产环节和高效能、高附加值、低能源消耗的高端产业,从而保持与我国产业结构升级和经济发展方式转变的一致性。

(2)引进资本促进本国发展

随着全球化不断推进,一些欠发达国家对外来资本有着较大需求,开始重视外商投资。一是这些国家与地区实行对外开放政策,推行市场化和私有化改革,为外国投资者提供保护和服务,鼓励外商投资。二是经济正起步阶段,工业化进程刚开始支撑经济发展的基础设施建设等需要全面铺开,资金缺口巨大,因此需要大量外来资本。三是引进资本的同时,还会带来相对东道国更为先进的技术、管理模式等,而一些受中国改革开放 30 年的巨大发展影响的国家,想通过引进我国资本从而学习和借鉴中国模式发展本国经济,因此对我国投资者持有友好和欢迎的态度。

(3)发挥产业园区的多重效应

我国对外开放的实践证明,在国内兴建产业园区能有效拉动地方经济增长,并积累了"中国经验",在欠发达国家与地区逐渐形成模仿效应。东道国通过引进集群式海外投资,兴建产业园区,将给东道国带来多重效应。一是给东道国带来税收、就业、收入等直接经济效应,从而拉动区域经济增长。二是促进园区与本土经济融合。东道国对产业园区的经济期望不仅仅是税源,也希望园区能与本土经济进行有效的融合,进而带动本土其他经济主体协同发展。三是由于工业园区往往由我国政府引导、牵头企业(往往是行业龙头)主建,其管理经验及模式往往也是东道国所预期的,有助于规范其本土的其他园区建设。例如以我国在埃塞俄比亚的东方工业园为模板,埃塞政府制定了《埃塞俄比亚工业园法》。由此,东道国在产业园区建设初期或长期通常会提供相应的税收优惠政策,在土地规划、水电设施、交通设施等方面也会让利于外国企业。

三、中国民营企业海外投资:集群式与独木式

以上分析,从产业集群理论角度,通过对比分析(与独木式出海比较),考察了集群式海外投资的优势,即具有专业化、网络化、创新能力、规模经济、相关专业、扩散效应等优势;同时从马克思供需理论出发,基于供需均衡视角下,分析了我国民营企业海外投资的供给侧与需求侧。上述分析为我们进一步研究集群式海外投资提供了理论基础与理论依据。

(一)民营企业具有集群式海外投资的先天性优势

我国发达地区的民营企业,大多以产业集群方式进行布局,形成独具特色的"块状经济",具有机制灵活、集体品牌、产业链紧密等优势。例如,以集群经济显著的浙江省为例,浙江省经济的主力群体是民营企业,其数量大规模小,总体实力强,个体抗风险能力差,80%以上的民营企业都属于注册资本金在500万以下的小企业。浙江之所以经济强大,就是因为这些民企在省内形成了具有地域特色的集群经济,全省90个县(市、区)中,有82个年销售收入超过10亿元的群落经济,群落经济占浙江经济总量的一半以上(黄磊,2012)。民企单独进行海外投资,显然势单力薄,仅凭借自身的企业实力难以在国外市场站稳脚跟。倘若通过与其他民企联合组成大集团公司,则无法保证企业的机制灵活性。为避免这种尴尬情况,既获得小企业的机制灵活,又具备大企业的品牌实力,集群式投资将是首选模式。"小企业、大群落"特点成为浙江民企对外投资

模式的最佳选择。

(二)大量民间资本亟待寻找新的投资空间

我国发达地区的民营企业,大多以产业集群方式进行布局,形成独具特色的"块状经济",具有机制灵活、集体品牌、产业链紧密等优势。集聚了大量民间资本的民营企业越来越成为我国经济的重要构成。这些企业大多经营劳动密集型产业,在产业利润空间极大地被压缩的背景下,他们的资金转向炒房、炒期货等虚拟经济,沿海地区曾相继爆发了企业家"跑路"现象,表明民营企业(特别是内生性中小民营企业)亟待寻找新的投资空间。在对民营资本跨区域流动的研究中发现,资本流动具有"抱团投资"的特征,即资本的来源和流向均有集中的趋势,具体表现为大量民间资本来源于同一地区,又共同流向国外特定区域或特定产业。一位浙江民企老板在接受媒体采访时曾形容浙江企业资本流动的特点,即浙江中小型民企犹如蚂蚁,数量多且爱群居,只要有一只蚂蚁发现食物,立刻会呼朋唤友带动其他企业组团投资。

(三)外部国际环境催生民营企业海外投资的意愿

以出口为主业的民企发展空间受全球金融危机、人民币大幅升值、贸易保护主义盛行等影响严重。民企为了保护和扩大原有出口市场,规避贸易壁垒,催生了对外投资的意愿。当一小部分企业对外投资尝到"甜头"时,因群落企业之间关系密切,信息流通顺畅,立刻会有大量企业抱团式"走出去"。浙江省和福建省的产业集群发展迅速,并在国内外产生了一定的影响力。《2015年度中国对外直接投资统计公报》的数据显示,浙江省和福建省民营企业对外投资占了全国的七成。

第三章 中国民营企业集群式海外投资：
发展现状、影响因素与区位选择

本章采用 1979—2015 年中国对外直接投资统计数据，对我国企业海外投资进行纵向考察，进而对快速发展的民营企业海外投资现状进行分析，对其中集群式海外投资三种模式即海外商城、海外华人产业集群及海外经贸合作区进行梳理。浙江作为民营企业集群式海外投资的典型地区，通过采用微观数据与构建计量模型对该模式的影响因素与区位分布选择实证分析。其中海外经贸合作区作为集群式海外投资的主要载体，将作为本课题研究重点。

一、中国民营企业集群式海外投资发展现状

(一)中国企业海外投资

中国经济作为世界经济中不可或缺的组成部分，仅通过对外贸易的方式参与全球化竞争已远不能满足国内企业发展需求；而一味地采取吸引外商直接投资的策略，容易在全球战略布局中受发达国家及其跨国公司控制，处于较为被动地位。此外，我国经济增长面临资源匮乏、跨国公司进入带来的国内市场竞争激烈化、创新能力与技术水平低、增长动力不足等问题。因此，在积极开展对外贸易、引进外商直接投资的同时，抓住全球化战略机遇，加快中国企业对外直接投资步伐，充分利用国际市场、国际资源，通过国际竞争来提升自身竞争力，就显得尤为迫切和必要。改革开放以来，我国在引进和利用外商直接投资方面取得了令人瞩目的成就。2013 年，在世界经济形势复杂多变，全球主要经济体增长的不平衡性、不确定性及其他因素等所导致的外商直接投资复苏步履蹒跚的背景下，中国对外直接投资额再创新高达 1078.4 亿美元，较上年增长22.8％。中国对外投资额与吸收外商直接投资额间差距大幅缩小，并逐步向对

外投资增多的趋势发展。相对全球较为低迷的经济形势而言,中国对外投资额都保持较高水准。

1.初步兴起阶段:1979—1984 年改革开放初期

早在新中国成立之初,我国就曾对周边社会主义国家和亚非新独立国家开展以经济技术援助为主要内容的经济合作。通过无偿赠予、无息贷款或成套项目援助等形式,帮助其争取民族独立,发展民族经济。然而,该举措带有明显的政治色彩,算不上严格意义上的对外直接投资。将海外投资办企业纳入经济意义范畴,在较广泛领域开展,则是在 1978 年实行对外开放政策之后。1978 年党的十一届三中全会确定了将全国工作重点转移到社会主义现代化建设上来,并提出:"在自力更生基础上,积极发展同世界各国平等互利的经济合作",这为"走出去"奠定了坚实的基础。1979 年 11 月,我国第一家海外合资企业——京和股份有限公司成立,拉开了中国对外直接投资的序幕。以此,我国对外直接投资活动大致经历了四个发展阶段。

由于我国当时外汇短缺和储蓄不足同时并存的"双缺口"格局,所以政府更倾向采取扩大进出口和吸引外资的政策,企业对外直接投资实行较为严格的管制。1979 年,海外投资企业仅有 4 家,投资总额为 0.012 亿美元。1982 年以前,所有对外直接投资项目须经国务院批准。1982 年,实行由原外经贸部为审批主体,其他部门和省、市相关部门层层审批上报的管理体制。从表 3-1 可看出,1980—1982 年,我国对外直接投资的非贸易性企业数量增长非常稳定,每年均为 13 家;1983 年,受管理体制变动影响,出现小幅上升趋势。这一阶段,累计在国外投资兴办非贸易性企业共 113 家,总投资额约 2.04 亿美元。

表 3-1　1979—1984 年中国非贸易对外直接投资情况

技术指标	1979 年	1980 年	1981 年	1982 年	1983 年	1984 年
企业批准数/个	4	13	13	13	33	37
年投资总额/亿美元	0.012	0.68	0.07	0.06	0.19	1.03

资料来源:杨建清.中国对外直接投资:理论、实证与战略[M].北京:知识产权出版社,2007:9.

2.渐进成长阶段:1985—1991 年

国家外经贸部根据党的十二届三中全会精神,制定了《关于在国外开设非贸易性合资经营企业的审批程序和管理办法》,进一步放宽了企业海外投资的界限,提高了企业对外投资的积极性。1987 年,党的十三大报告鼓励发展同世界各国包括发达国家和发展中国家的经济技术合作与贸易交流。在党和国家宏观战略方针的指引下,我国对外直接投资有了新突破。从表 3-2 可以看出,1987 年,我国非贸易性海外直接投资企业数首次破百,达到 108 家;该年年度投资总额首次超过 10 亿美元,达到 13.73 亿美元,是 1979—1986 年累计投资额的3.37倍。1985—1991 年,新增非贸易性海外企业 895 家,平均每年新批准海外非贸易性企业的 128 家。从累计投资额看,截至 1984 年为 2.04 亿美元,1991 年增加到 31.49 亿美元,平均每年新增海外直接投资额 4.2 亿美元。这一时期海外投资主体由专业外贸公司向国内一些有实力的大型生产企业和综合金融企业拓展,如首都钢铁公司、中国国际信托投资公司等。投资领域由餐饮、服务业向资源开发、加工制造业延伸。

表 3-2　1985－1991 年中国非贸易对外直接投资情况

技术指标	1985 年	1986 年	1987 年	1988 年	1989 年	1990 年	1991 年
企业批准数/个	76	88	108	141	119	156	207
年投资总额/亿美元	0.92	1.11	13.73	1.18	3.25	1.67	7.59

资料来源:杨建清.中国对外直接投资:理论、实证与战略[M].北京:知识产权出版社,2007:9.

3.加快发展阶段:1992—2000 年

1992 年,邓小平视察南方并发表重要谈话,从此伴随着中国特色社会主义市场经济体制确立和对外开放迈上新台阶,我国"走出去"的企业数量亦呈快速增长态势,该年我国新增非贸易性海外企业 355 家,海外投资额 15.91 亿美元;无论企业数量抑或投资额,均超过之前所有年份(见表 3-3)。2000 年,党的十五届五中全会首次提出"实施'走出去'战略","支持有竞争力的企业跨国经营,到海外开展加工贸易或开发资源"。随着中国对外直接投资战略的深化发展及政策环境的优化,我国企业海外投资的实践也有了新突破。其中,一批大型国有企业继续领衔中国海外投资——如海尔集团公司于 1996 年、1997 年分别在印度尼西亚、菲律宾、马来西亚和塞尔维亚创建合营企业生产电冰箱、家用电器、空调等;于 1999 年在美国南卡罗来纳州兴建了其在美国的第一家家用电器制造厂,并成立海尔美国电冰箱有限公司。其海外合资合作项目达 20 多个,设立的海外企业有 13 家。中国有色金属建设股份有限公司于 1995 年在泰国成立回收有色金属的合营企业,于 1998 年在赞比亚成立中色建设非洲矿业有限公司进行赞比亚谦比西铜矿项目开发等。与此同时,一批优秀的非公企业也纷纷参与到海外投资的队伍中来,如华为技术有限公司、万向集团、四川新希望集团等,进一步丰富了我国海外投资主体结构。1992—2000 年,受国内外多重因素影响,这一时期我国非贸易性对外直接投资表现出较大的不稳定性。从对外直接投资非贸易性企业数量角度看,经历了"三落三起"——由 1992 年的高峰值 355 家骤降至 1994 年的 106 家,中间经过较为曲折的几次反复过程,最终 2000 年非贸易性海外企业为 243 家。就单个年份中方批准企业海外投资额而言,除 1994 年中方投资额不足 1 亿美元外,其他年份均在 1 亿美元以上。

表 3-3　1992—2000 年中国非贸易对外直接投资情况

技术指标	1992 年	1993 年	1994 年	1995 年	1996 年	1997 年	1998 年	1999 年	2000 年
批准企业/个	355	294	106	119	103	158	253	220	243
中方投资额/亿美元	—	—	0.71	1.0	2.94	1.73	2.59	5.91	5.51

资料来源:中国对外经济贸易年鉴[M].北京:中国对外贸易出版社,2003.

4.高速增长阶段:2001 年至今

随着中国加入 WTO 及国家对外开放政策由吸引外资向对外投资方向倾斜,"走出去"战略日益上升到国家发展战略的高度。2007 年,党的十七大报告指出,"创新对外投资和合作方式……加快培育我国的跨国公司和国际知名品牌。"2012 年,党的十八大报告要求"加快'走出去'步伐,增强企业国际化经营能力"。2013 年 11 月,党的十八届三中全会通过的《中共中央关于全面深化改革若干重大问题的决定》中指出,"要扩大企业对外投资,确立企业对外投资主体地位,改革涉外投资审批体制"。与此同时,商务部于 2006 年组织召开首次"海外中资企业商会工作会议",并启动了海外经济贸易合作区建设。同年 11 月 28 日,海尔集团在巴基斯坦建成了我国第一家真正意义上的海外经贸合作区。这一阶段,各种所有制企业积极参与国际经济技术合作,开展跨国经营,呈现出一片"百花齐放、百家争鸣"的繁荣景象。尤其是在全球对外直接投资呈下降趋势的 2001 年和 2002 年,我国对外直接投资却"反其道而行之"。2001 年中国对外直接投资流量达 69 亿美元,远高于之前历年对外直接投资净额。2002

年虽有所回落,对外直接投资净额 27 亿美元,但此后一路上扬,实现连续多年增长,截至 2015 年底,中国 2.02 万家境内投资者在国外共设立对外直接投资企业 3.08 万家,分布在全球 188 个国家和地区,年末海外企业资产总额 4.37 万亿美元。

(二)中国民营企业海外投资

1.发展现状及趋势

改革开放以来,民营经济快速发展,在带动我国经济持续增长、扩大就业、增加税收和优化产业结构等方面做出了巨大贡献。随着企业规模的不断壮大,众多民营企业开始尝试"走出去",在海外投资办厂,在国际市场寻求新的利润增长点和更大发展空间。从表 3-4 的数据可以看出,2003 年到 2015 年,国有企业在对外直接投资企业总数中所占比重由 43% 持续下降到 5.8%;集体和外商投资企业的比重缓慢下滑;私营企业受国内外经济环境和金融危机的影响,其比重基本稳定,但降幅远低于国有企业,且从 2011 年开始出现了回升的迹象。

表 3-4　中国对外直接投资主体构成①　　　　　　单位:%

年份	国有企业	私营企业	集体企业	股份有限公司	有限责任公司	外资企业	股份合作企业	港澳台企业	其他
2003	43	10	2	11	22	5	4	2	1
2004	35	12	2	10	30	5	3	2	1
2005	29	13	2	12	32	5	4	2	1
2006	26	12	2	11	33	4	9	2	1
2007	19.7	11.0	1.8	10.2	43.3	3.7	7.8	0.7	1.8
2008	16.1	9.4	1.5	8.8	50.2	3.5	6.5	1.8	2.2
2009	13.4	7.5	1.2	7.2	57.7	3.1	4.9	1.8	3.2
2010	10.2	8.2	1.1	7.0	57.1	3.2	4.6	2.0	6.6
2011	11.1	9.1	1.0	7.7	60.4	3.6	4.0	2.4	0.7
2012	9.1	9.9	0.8	7.4	62.5	3.4	3.4	2.2	1.3
2013	8.0	9.1	0.6	7.1	66.1	3.0	3.1	2.0	1.0
2014	6.7	9.1	0.5	6.7	67.2	2.6	2.5	1.8	2.9
2015	5.8	10.2	0.4	7.7	67.4	2.8	2.3	1.9	1.5

数据来源:根据 2003—2016 年商务部《中国对外直接投资统计公报》整理。

---

① 指各类企业在中国对外直接投资企业总数中所占的比重。

为研究需要,本章将私营企业、股份有限公司、有限责任公司等合并为民营企业,将港澳台企业并入外资企业,并形成如表 3-5 所示的分类情况。

表 3-5　中国对外直接投资不同企业类型分布　　　　　　单位:%

年份	国有企业	集体企业	外资企业	民营企业
2003	43	2	7	48
2004	35	2	7	56
2005	29	2	7	62
2006	26	2	6	66
2007	19.7	1.8	4.4	74.1
2008	16.1	1.5	5.3	77.1
2009	13.4	1.2	4.9	80.5
2010	10.2	1.1	5.2	83.5
2011	11.1	1	6	81.9
2012	9.1	0.8	5.6	84.5
2013	8	0.6	5	86.4
2014	6.7	0.5	4.4	88.4
2015	5.8	0.4	4.7	89.1

数据来源:根据 2003—2016 年商务部《中国对外直接投资统计公报》整理。

从图 3-1 中可以看出,十几年以来,在我国海外投资主体分类中,外资企业数量占比呈现平稳趋势;国有企业数量所占的比重持续呈现大幅度下降态势,且已成为一种明显的趋势;民营企业数量所占比重总体上呈现出一种大幅度上升的势头。国有企业和民营企业数量所占比重的差距逐步扩大,两条曲线的距离越来越远,但国有企业和外资企业数量所占比重的差距逐步缩小,两条曲线的距离越来越近。这种趋势的形成固然有多方面因素,但国有企业的政府背景和所有制形式是引发东道国疑虑和抵触的重要原因,国企在国内的优势在国际市场上则变成了先天的劣势。相比之下,民营企业则具有海外投资的先天优势。首先,民营企业产权清晰,具有机制上的优势,在企业战略、投资决策、经营运作和用人制度上拥有自主决策权;其次,民营企业经营灵活、适应性快,市场信息能够得到快速传递和处理,管理成本相对较低;再次,非官方的背景和浓厚的民间色彩使民营企业更容易得到东道国企业和政府的接受与信赖,从而能够更便利地开展对外投资合作和在国际市场上获得更大的发展空间。有鉴于此,凭借自身优势和难以抑制的创造力与活力,民营企业将成为我国"走出去"战略的积极实施者,并迅速成长为海外投资的主力军。

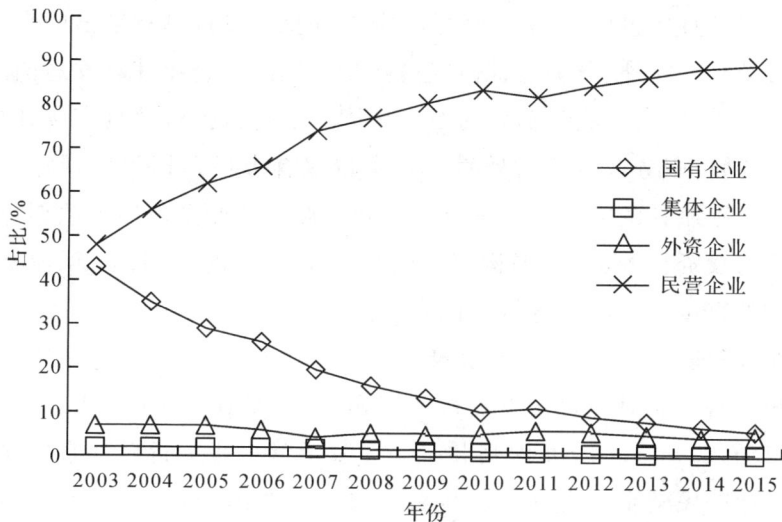

图 3-1　中国海外投资主体分类
数据来源:根据 2003—2016 年商务部《中国对外直接投资统计公报》整理。

(三)海外投资动机的实证分析:基于温州数据

上述分析可以发现,我国民营企业自 2003 年以来,海外投资发展迅速,比重上升较快,引起学界关注,尤其是民营企业海外投资的动机,即因何向外直接投资等问题引起笔者的研究兴趣。近年来国内外针对企业对外直接投资动机的研究取得了较大的进展,为本书实证研究的展开提供了理论基础及基本线索,但是纵观国内的研究,仍存在有待完善之处。其一,国内研究企业对外直接投资动机的文献较少,尚未专门开展针对民营企业对外直接投资的实证研究。其二,目前国内该领域少数的实证研究均利用宏观层面数据开展,缺乏微观层面数据的支撑,实证研究不够深入细致。本书则通过温州民营企业微观数据开展民营企业对外直接投资动机的实证研究,弥补当前国内研究的不足之处。

为有效开展这项研究,鉴于数据的可获性及样本企业的代表性,笔者选择了民营企业典型地区温州作为实证研究对象。温州是我国民营经济的发源地,民营企业在各个领域的经济行为均领先全国,其中包括对外直接投资行为。2005－2010年,温州共有143家民营企业对37个国家地区进行直接投资,这为开展民营企业对外直接投资的实证研究提供了充足的企业微观数据。

通过初步研究与考察发现,市场规模越大和出口成本越小的国家越能吸引民营企业对其直接投资,这表明民营企业对外直接投资具有较强的市场开拓和市场转移动机。此外,分类实证研究进一步发现民营企业针对发达国家的直接投资仅具有市场开拓动机,而针对发展中国家的直接投资兼具市场开拓和生产转移动机;销售服务业企业对外直接投资也仅有市场开拓动机,制造业企业对外直接投资则兼具两类动机。本章节拟利用温州企业微观样本数据,通过匹配民营企业与投资目的国,本书构建二值选择 Probit 模型和 Logit 模型,对民营企业的对外直接投资动机进行实证研究。

1.温州民营企业对外直接投资概况

温州民营企业对外直接投资行为引领全国,早在1999年便开始在海外投资专业市场,2005－2010年温州共有143家民营企业进行对外直接投资,企业从事制造业的民营企业有92家,从事销售服务业的企业有51家;投资国涉及除大洋洲外的其他所有大洲共37个国家,有4家企业对多个国家进行直接投资。在投资金额方面,2005－2010年温州民营企业对外直接投资累计金额达627.74万美元,其中制造业企业投资金额为219.44万美元,销售服务业企业投资金额为408.31万美元。结合对外直接投资企业数和投资额可以发现,相对于销售服务业,制造业尽管从事对外直接投资的企业数量较多,但投资规模相对较小。为了更为详细地分析温州民营企业对外直接投资的状况,表3-6列出了其企业数与投资金额在各区域的分布状况。

表3-6 温州民营企业对外直接投资地区分布

技术指标	亚洲	欧洲	北美	拉美	非洲
企业数/个	69	34	31	4	12
比例/%	48.25	23.78	21.68	2.80	8.39
投资额/万美元	303.41	203.96	70.54	9.00	40.83
占比/%	48.33	32.49	11.24	1.43	6.51

注:数据来源于温州市商务局和温州市外汇管理局;由于有4家民营企业对多个国家进行直接投资,因此企业数加总大于143,企业数份额加总大于1。

从表中可以发现在针对欧洲直接投资中，投资额所占比例超过了企业数所占比例，针对其他地区的直接投资则是企业数所占比例大于投资额所占比例。这说明针对欧洲直接投资多为销售服务业企业的行为，投资规模较大，体现了市场开拓动机；针对其他地区的直接投资则多为制造业企业的行为，投资规模较小，体现了生产转移动机。表3-7分别列出了制造业企业和销售服务业企业对外直接投资的企业数地区分布状况，可以发现在针对亚洲、欧洲直接投资中，销售服务业企业数所占比例大于制造业企业数所占比例；在针对其他地区的直接投资中，则是制造业企业数所占比例大于销售服务业企业所占比例。

表3-7　温州民营企业分行业对外直接投资地区分布

技术指标	亚洲	欧洲	北美	拉美	非洲
制造业企业数/个	42	20	20	3	7
比例/%	45.65	21.74	21.74	3.26	7.61
服务业企业数/个	27	14	11	1	5
占比/%	52.94	27.45	21.57	1.96	9.80

注：数据来源于温州市商务局和温州市外汇管理局。由于对多个国家进行直接投资的企业均在销售服务业，因此服务业企业数加总大于51，企业所占比例加总大于1。

2. 实证研究

(1) 模型设定与数据说明

民营企业因动机不同而选择向不同的国家进行直接投资，即东道国不同的经济因素将会吸引不同动机的民营企业对其进行直接投资。由于企业对某个国家的直接投资金额除了受投资目的国经济因素影响外，还受母国及企业自身因素的影响，影响因素较多且随意性较大。基于此考虑，本书并不从民营企业对外直接投资金额规模出发考察其动机，而是另辟蹊径从民营企业对某国的直接投资倾向出发进行研究。为了达到该目的，本书将民营企业与投资目的国进行匹配，如果某民营企业对目的国中的某国存在直接投资行为，则计数为1；如果该民营企业对某国不存在直接投资行为，则计数为0。以该指标作为被解释变量构建计量方程可以研究各国的经济因素如何影响温州民营企业对该国的直接投资倾向，从而可以探明民营企业的对外直接投资动机。计量

方程如下:

$$Y_i = \alpha_0 + \alpha_1 \ln GDP_i + \alpha_2 \ln PGDP_i + \alpha_3 CPI_i + \alpha_4 POL_i +$$
$$\alpha_5 FDI_i + \alpha_6 ENG_i + \alpha_7 \ln CE_i + u_i \quad (R)$$

这里 Y_i 为按上文方法设计的指标,本书将温州剩余 119 家民营企业对 36 个投资目的国的直接投资进行匹配:某民营企业对 i 国存在直接投资时,Y_i 计为 1;某民营企业对 i 国不存在直接投资时,Y_i 计为 0。按这种方法进行匹配总共可以得到 4282(119×36)个样本。$\ln GDP_i$ 为 i 国的 GDP 对数值,用 2000 年固定美元值进行衡量,反映东道国市场规模对吸引民营企业对其直接投资的影响,考察民营企业的市场开拓动机。$\ln PGDP_i$ 为 i 国人均 GDP 对数值,用 2000 年固定美元值进行衡量,研究东道国经济发展水平如何影响温州民营企业对其直接投资。CPI_i 为 i 国的物价指数,代表通货膨胀率,用以研究东道国宏观经济稳定程度是否影响民营企业对其直接投资。POL_i 为 i 国的公民政治权利指数,代表政治制度稳定,考察东道国的政治环境如何影响民营企业对其直接投资。FDI_i 为 i 国的净资本流入占 GDP 的比例,衡量 i 国的外资开放度,目的在于考察外资更为开放的东道国是否更能吸引民营企业对其直接投资。ENG_i 为 i 国金属及矿物出口占总出口的比重,反映东道国的自然资源状况,考察民营企业对其直接投资是否具有资源获取动机。$\ln CE_i$ 为 i 国出口成本的对数值,用单位集装箱的美元出口成本衡量,由于民营企业进行生产转移动机对外直接投资时,最终需要将产品出口至母国或其他国家,因此东道国出口成本如何影响民营企业对该国的直接投资能验证其生产转移动机。

为了排除经济周期与经济波动因素所产生的随机影响,在回归方程中均采取了年度平均值。Y_i 指标是基于 2005—2010 年的匹配数据,即只要在该时间段内某企业对 i 国进行过直接投资,就计 Y_i 为 1;其他指标均为 2005—2010 年的平均值。温州民营企业对外直接投资及其投资国的数据来源于温州市商务局与温州市外汇管理局;投资目的国的 GDP、人均 GDP、CPI、外资开放度、自然资源、出口成本等指标数据均来自世界银行发布的《世界发展指标》(World Development Indicator);投资目的国公民权利指标数据来自自由之家(Freedom House)发布的《2010 年世界自由度》(Freedom in World 2010),该指标基于 Gastil(1991)的方法进行构建,用 1 到 7 之间的数值进行衡量,越高的数值代表越高的公民政治权利及越稳定的政治制度环境。表 3-8 列出了本书研究的样本国家,即温州民营企业对外直接投资目的国名单。

表 3-8　温州民营企业对外直接投资目的国分布

投资区域	投资目的国
亚洲	阿联酋、阿塞拜疆、哈萨克斯坦、韩国、柬埔寨、马来西亚、蒙古、日本、沙特阿拉伯、斯里兰卡、乌兹别克斯坦、土耳其、泰国、新加坡、也门、印度尼西亚、越南
欧洲	保加利亚、德国、俄罗斯、法国、芬兰、荷兰、匈牙利、意大利、英国
北美	加拿大、美国
拉美	巴西、墨西哥
非洲	埃及、埃塞俄比亚、安哥拉、刚果、加蓬、尼日利亚

（2）全样本回归结果及分析

由于在回归方程（R）中被解释变量取值为 1 或 0,因此方程为二值选择模型。本书分别用 Probit 模型估计方法和 Logit 模型估计方法对方程（R）进行回归,得到表 3-9 的结果。

表 3-9　温州民营企业对外直接投资全样本回归结果

技术参数	Probit 模型			Logit 模型		
	(1)	(2)	(3)	(1′)	(2′)	(3′)
常数项	−9.109*** (0.000)	−8.949*** (0.000)	−9.104*** (0.000)	−22.329*** (0.000)	−21.637*** (0.000)	−22.329*** (0.000)
$\ln GDP_i$	0.759*** (0.000)	0.739*** (0.000)	0.760*** (0.000)	1.989*** (0.000)	1.911*** (0.000)	1.989*** (0.000)
$\ln PGDP_i$	−0.153 (0.294)	−0.210 (0.159)	−0.153 (0.294)	−0.471 (0.207)	−0.592 (0.118)	−0.471 (0.207)
CPI_i	5.479*** (0.002)	5.512*** (0.002)	5.479*** (0.002)	14.530*** (0.001)	14.365*** (0.001)	14.530*** (0.000)
POL_i	0.057** (0.044)	0.084*** (0.009)	0.057** (0.044)	0.125* (0.064)	0.191** (0.016)	0.125* (0.064)
FDI_i	4.008*** (0.004)	4.420*** (0.002)	4.009*** (0.004)	10.994*** (0.003)	11.776*** (0.002)	10.994*** (0.003)

（续表）

技术参数	Probit 模型			Logit 模型		
	（1）	（2）	（3）	（1'）	（2'）	（3'）
ENG_i	0.292 (0.727)	0.495 (0.534)	0.294 (0.725)	−0.321 (0.907)	0.754 (0.759)	−0.321 (0.907)
$\ln CE_i$	−0.526** (0.011)	−0.508** (0.013)	−0.527** (0.011)	−1.308** (0.013)	−1.272** (0.014)	−1.308** (0.013)
发达国家	—	0.310* (0.054)	—		0.723* (0.064)	—
制造业	—	—	−0.009 (0.918)			−0.005 (0.990)
R^2	0.075	0.079	0.075	0.083	0.086	0.083

注：括号内为 P 统计值；***、**、*分别代表在 1%、5%和 10%水平上显著。

在表 3-9 的回归结果中，（2）和（2'）添加了发达国家虚拟变量，（3）和（3'）则添加了制造业企业虚拟变量。从回归结果中可以发现，$\ln GDP_i$ 的系数显著为正，说明经济规模较大的国家更能吸引民营企业的直接投资，表明民营企业具有较强的市场开拓动机。$\ln PGDP_i$ 的系数不显著，说明一国的经济发展水平并不影响民营企业对其直接投资倾向。CPI_i 的系数显著为正，意味着温州民营企业更倾向对宏观经济不稳定的国家进行直接投资，充分反映了温州民营企业家的风险偏好，不稳定的宏观经济环境风险较大，但潜在收益也高。POL_i 的系数显著为正，说明温州民营企业家更倾向在政治环境较为稳定的国家进行直接投资，反映出温州民营企业家尽管偏好经济风险，但在政治上仍倾向稳定的环境。FDI_i 的系数显著为正，说明外资开放度较高的国家更能吸引民营企业对其进行直接投资。ENG_i 的系数不显著，说明民营企业进行对外直接投资并无资源获取动机，这与国有企业形成了很大的区别。$\ln CE_i$ 的系数显著为负，表明出口成本较低的国家更能吸引民营企业的直接投资，反映出民营企业对外直接投资具有较强的生产转移动机。发达国家虚拟变量显著为正，说明发达国家更能吸引民营企业的直接投资。制造业虚拟变量系数不显著，意味着制造业民营企业并没有较高的对外直接投资倾向。总体而言，从表 3-9 的回归结果中可以发现，民营企业对外直接投资具有明显的市场开拓和生产转移动机。

（3）分区域回归结果及分析

为了更进一步分析温州民营企业对不同经济发展水平国家进行直接投资的动机，本书按联合国标准将目的国分为发达国家和发展中国家两类分别进行回归，得到表3-10的结果。

表 3-10　温州民营企业对外直接投资分区域回归结果

变量	发达国家样本		发展中国家样本	
	Probit 模型	Logit 模型	Probit 模型	Logit 模型
常数项	−10.430***	−23.535**	−5.554***	−12.862***
	(0.002)	(0.010)	(0.000)	(0.000)
$\ln GDP_i$	0.929***	2.059***	0.394***	1.006***
	(0.000)	(0.000)	(0.000)	(0.000)
CPI_i	37.098***	78.809**	3.835**	10.071**
	(0.007)	(0.018)	(0.016)	(0.012)
POL_i	——	——	0.075**	0.183**
			(0.024)	(0.026)
FDI_i	0.706	1.513	2.034	4.893
	(0.922)	(0.093)	(0.137)	(0.163)
ENG_i	−2.508	−8.565	0.410	1.019
	(0.728)	(0.659)	(0.563)	(0.602)
$\ln CE_i$	−1.115	−2.084	−0.511***	−1.295***
	(0.256)	(0.420)	(0.001)	(0.001)
R^2	0.164	0.171	0.035	0.036

注：括号内为 P 统计值；***、**、* 分别代表在1%、5%和10%水平上显著。

由于发达国家与发展中国家按人均 GDP 进行分类，为了避免出现共线性的问题，在表3-11的回归中去掉了 $\ln PGDP_i$ 变量；此外，发达国家公民政治权利指标 POL_i 均为最高值7，同样为了避免共线性在发达国家回归方程中将其去除。对比表3-9和表3-10的回归结果可以发现，在发达国家的回归结果中，$\ln GDP_i$ 的系数仍显著为正，但 $\ln CE_i$ 的系数则不再显著，说明民营企业针对发达国家的直接投资仅存在市场开拓动机，不存在生产转移动机。在发展中国家的回归结果中，$\ln GDP_i$ 的系数仍显著为正，$\ln CE_i$ 的系数仍显著为负，说明民营企业针对发展中国家的直接投资兼具市场开拓和生产转移动机。

（4）分行业回归结果及分析

为了明确不同行业属性的企业对外直接投资是否存在不同的动机，本书将温州民营企业分为制造业企业和销售服务业企业(包括批发业、商业服务业等)两类进行分类回归,得到表 3-11 的结果。

表 3-11 温州民营企业对外直接投资分行业回归结果

变量	制造业		销售服务业	
	Probit 模型	Logit 模型	Probit 模型	Logit 模型
常数项 C	-9.965^{***} (0.000)	-23.473^{***} (0.000)	-8.116^{***} (0.000)	-21.183^{***} (0.000)
$\ln GDP_i$	0.848^{***} (0.000)	2.109^{***} (0.000)	0.660^{***} (0.001)	1.875^{***} (0.000)
$\ln PGDP_i$	-0.130 (0.473)	-0.372 (0.410)	-0.269 (0.307)	-0.765 (0.254)
CPI_i	5.715^{**} (0.010)	14.242^{***} (0.008)	5.094^{*} (0.085)	15.200^{**} (0.048)
POL_i	0.086^{**} (0.014)	0.197^{**} (0.019)	-0.005 (0.926)	-0.018 (0.876)
FDI_i	4.334^{**} (0.020)	11.063^{**} (0.019)	3.359 (0.130)	10.649^{*} (0.075)
ENG_i	1.158 (0.199)	2.335 (0.388)	-3.341 (0.219)	-8.882 (0.187)
$\ln CE_i$	-0.667^{**} (0.011)	-1.634^{**} (0.013)	-0.200 (0.579)	-0.621 (0.486)
R^2	0.088	0.094	0.064	0.074

注:括号内为 P 统计值;***、**、* 分别代表在 1%、5% 和 10% 水平上显著。

对比表 3-9 和表 3-11 的回归结果,可以发现在制造业的回归结果中 $\ln GDP_i$ 的系数仍显著为正,$\ln CE_i$ 的系数仍显著为负,说明制造业民营企业进行对外直接投资兼具市场开拓和生产转移两种动机。在销售服务业回归结果中 $\ln GDP_i$ 的系数仍显著为正,但 $\ln CE_i$ 的系数不再显著,说明销售服务业企业进行对外直接投资仅具有市场开拓动机,不具有生产转移动机。

3. 小 结

在大力推进民营企业"走出去"战略的背景下,探明企业"走出去"的动机不仅能在理论上丰富我国开放经济的研究素材,而且能为政府支持政策的制定提供参考。本书基于温州民营企业微观数据构建二值选择模型研究民营企业对外直接投资的动机,实证研究结果表明民营企业基于市场开拓和生产转移动机进行对外直接投资。具体地，针对区域分样本及行业分样本的实证研究表明民营企业对发达国家的直接投资仅出于市场开拓动机，针对发展中国家的直接投资则兼具市场开拓和生产转移动机；制造业民营企业因两类动机进行对外直接投资，而销售服务业民营企业仅因市场开拓动机进行对外直接投资。此外，本书的研究表明，民营企业进行对外直接投资并不具有资源获取动机，这与国有企业存在较大的区别。

（四）中国民营企业集群式海外投资

随着我国民营海外投资迅速发展，我国越来越多的企业采取集群的方式进行对外直接投资，相比于大型国有企业，中小民营企业由于抗风险能力较弱，更需要采取集群的方式进行对外直接投资。民营企业集群式海外投资，是指大量关联性企业为了抵御风险，获得群体规模经济，集体进驻到同一地区进行跨国投资，通过企业间的配套服务、关联互补等形成集群优势。通俗地说，企业抱团"走出去"，发展历史由来已久。大致可以有如下几种形式。

1. 海外商城：先聚后走

企业通常在某个国内市场经营，利用国内办专业市场的经验，由某个牵头企业投资或组织，与其他企业抱团"走出去"在海外兴办专业市场，通常是国内市场的"复制"。这种方式属于"先聚后走"，即因业务网络关系通常在国内先集聚（或部分），然后"走出去"。

20 世纪末，民营企业众多而且国内专业市场发展较早的浙江省是个典型例子。浙江省各地利用国内办专业市场的经验，开始在海外兴办专业市场。1998 年 11 月浙江中华商城有限公司独资创办了巴西中华商城，是浙江在南美的第一个对外经贸窗口，也是全国首家海外商城。1999 年浙江又先后投资兴建了俄罗斯的"海宁城"、南非的"中华门"、尼日利亚的"中华商业中心"、匈牙利的"中国商城"等。根据资料显示，2001 年全省就有 100 万人在国外，赚外国人的钱，累计创办各类产销组织达 700 多个。浙江民营经济最为发达的温州，1998—2002 年先后在喀麦隆、俄罗斯、荷兰、阿联酋、美国、蒙古等国建立 7 个海外中国商城，共有 300 多家民营企业进场经营，这些海外市场带动出口 1.42 亿美元。[①] 从实践来看，海外商城不失为民营企业集群式"走出去"的行之有效

---

① 商界新闻［N］，温州商报，2003-01-16(05).

的方式。海外商城的投资主体及运作主要有三种形式。一是国内企业为海外商城的投资主体,巴西中华商城和俄罗斯彼尔姆中国商品城就是这种。在这种商城建设模式中,国内投资主体既要承担商城建设的风险,又要肩负商城日常管理和到国内招商的重任。二是海外商城建设投资以海外华人或中资企业为主,配合招商的机构也出少部分资金投资,例如阿联酋迪拜轻工城项目等。这种方式通过一定的经济利益联系,使政府职能部门能及时从招商配合单位那里了解在海外商城中经营企业的有关情况,保证有关信息传递渠道的畅通,为"走出去"企业提供更好的服务。三是以海外华人和中资企业为主要的投资主体,国内企业也投资少部分资金,日常管理由专门机构负责。① 经过多年的发展与变迁,这种初级的集群式海外投资方式逐渐衰退或演变为其他方式(如下面提到的合作区)。

中国民营企业利用国内市场建设经验,在海外创办商城,起步早,一定程度上带动了国内商品的输出,对外贸发展起到推动作用。但是,由于经过多年的发展与变迁,这种初级的集群式海外投资方式逐渐衰退或演变为其他方式。1998 年 11 月,浙江中华商城有限公司独资创办了巴西中华商城,是浙江在南美的第一个对外经贸窗口,也是全国首家海外商城,2003 年该商城被注销关闭。其原因是多方面的,主要是经营不善而且与当地居民关系处理不当等问题。现有文献对专业市场研究,基本上集中于国内专业市场,浙江作为民营企业发达地区,国内专业市场发展较早,具有一定典型性。代表性的文献有从浙江专业市场的理论与实践进行研究(白小虎,2008;陆立军、白小虎,2000;蔡江静、汪少华,2005 等)。然而对海外商城这种集群式海外投资模式研究文献较少,课题组尝试从这个视角进行研究,在本书第四章重点展开研究。

2.海外华人产业集群:先走后聚

中国某个区域大量移民集聚在国外某个区域,凭借吃苦耐劳的精神和乡土性社会关系资源,在世界各地求生存、谋发展,经过多年打拼,他们已在当地立足生存,多数人拥有自己的企业,成为当地产业集群内的主力军。这种方式属于"先走后聚",即个人(自然人)"走出去",先在当地打工,资本积累到一定程

---

① 由新华社《参考消息》《国际先驱导报》和新华社世界问题研究中心共同主办的首届"参考消息先驱论坛"上(2003 年 9 月 26 日至 27 日),温州市政府副秘书长厉秀珍作为唯一受邀的地方政府官员,在论坛上做了"创办海外中国商城,推进民营企业走向国际市场"的主题演讲,介绍了温州企业的经验。

度，然后在当地创业，进入门槛较低但具有特色的产业，依赖社会网络、市场因素等，逐渐形成产业集群。而产业集群的相关产业选择往往与华人移民原来从事的行业有较大关系。东南亚与欧洲等地聚集着大量的老华商，最初从事以"三刀"（菜刀、剪刀、剃刀）为主的传统产业，与他们不同的是，在北美和澳大利亚等地出现了大批以新移民为主的运营中小企业的新华商，大多从事现代服务业，部分还投资科技型企业。华商曾经主要集中于消费品制造、餐饮、零售、农业等行业，近年来，已开始从这些传统行业向资本和技术密集型行业拓展，尤其是高新技术产业已成为华商新的经营领域。华商数量众多，一个显著特点是在行业上高度集中，容易在一个区域形成产业集群，大量的小华商遍布世界。

　　国外类似"唐人街"及行业生产中心等就是典型例子。随着大量华人涌入欧洲，欧洲各个国家都出现了"唐人街"这样的华人移民社区。法国巴黎的3区、4区、93区，意大利的普拉托，西班牙马德里的 USERA 等地区，被他们迅速占领，成为华人族裔聚集区。此外，意大利的佛罗伦萨市是欧洲皮革皮具生产中心也是一个典型例子。20 世纪以来的移民风潮，是从落后地区流向发达地区。在庞大的移民大军中，有一个不可忽视的群体——海外温州移民。温州人素有中国"犹太人"之称，喜欢四海为家，凭借吃苦耐劳的精神和乡土性社会关系资源，善于在全国各地和世界各地求生存、谋发展。目前有将近 60 万温州人移民到 131 个国家和地区，在那里艰苦创业。意大利的佛罗伦萨市是欧洲皮革皮具生产中心，不仅是 Gucci、Prada、Chanel、Celine、Miumiu 等诸多全球一线品牌皮包的生产基地，而且是整个欧洲中低端皮包市场的供应源头。佛罗伦萨已形成成熟的皮具产业集群，而这个集群的主力军正是移民到此的温州人。目前仅佛罗伦萨的奥斯马诺洛（Osmannoro）地区就集聚着 1000 多家温州人经营的微型皮包生产企业，佛罗伦萨周边地区则分布着众多代工企业。该中心几乎所有的中低端皮包产自这里的温州人企业。据估计，佛罗伦萨华人超过 1 万人，其中绝大部分为温州人。从 20 世纪 80 年代开始，他们便通过各种渠道移民意大利。经过多年打拼，他们已在当地立足生存，多数人拥有自己的企业，成为当地低端皮具产业集群内的主力军。在佛罗伦萨的奥斯马诺洛地区，就集聚着 1000 多家温州人所经营的微型皮包生产企业，而意大利人的这类企业已经寥寥无几。佛罗伦萨的温商皮包企业分为三类：创新设计型、代工生产型和自主生产型。三类企业差异见表3-12。

表 3-12　全欧洲皮包生产中心(意大利普拉托大区的佛罗伦萨)的三类企业

<table>
<tr><th colspan="2">环节</th><th>创新设计型</th><th>代工生产型</th><th>自主生产型</th></tr>
<tr><td rowspan="4">设计</td><td>产品式样设计</td><td>自行设计,有专利</td><td>不需要,订货商提供</td><td>订货商提供,或模仿某名牌皮包制作样品供订货商选择</td></tr>
<tr><td>申请专利</td><td>有</td><td>无</td><td>无</td></tr>
<tr><td>设计人员</td><td>有,5人左右</td><td>无</td><td>无</td></tr>
<tr><td>模具制造</td><td>委托高档模具制造商制造,成本高</td><td>订货商提供</td><td>委托普通模具制造商制造,成本较低</td></tr>
<tr><td rowspan="5">生产</td><td>原材料来源</td><td>自行采购或定做</td><td>订货商提供</td><td>自行采购</td></tr>
<tr><td>设备投入</td><td>高</td><td>中</td><td>低</td></tr>
<tr><td>生产外包还是自行生产</td><td>外包给意大利企业</td><td>自行生产</td><td>自行生产</td></tr>
<tr><td>工人数量</td><td>5人左右(仅根据设计师要求制作样品)</td><td>20～60人</td><td>2～9人</td></tr>
<tr><td>生产能力</td><td>受制于意大利企业的生产能力</td><td>生产能力受样式、皮质等差别的影响较大</td><td>生产能力受样式、皮质等差别的影响较大</td></tr>
<tr><td rowspan="3">销售</td><td>营销策略</td><td>有</td><td>不需要</td><td>无</td></tr>
<tr><td>交易对象</td><td>全球高档皮包市场的批发商</td><td>全球品牌皮包制造商</td><td>整个欧洲中、低档皮包市场的批发商</td></tr>
<tr><td>营业额</td><td>高</td><td>较高</td><td>与前两类企业相比较低</td></tr>
</table>

资料来源:根据课题组调研整理所得。

　　目前,对海外华人产业集群的研究明显不足。但在众多关于海外华人发展的文献中,不少研究提及社会网络对他们在当地发展的重要性。通过对移居法国巴黎的温州人的调研后认为,温州人主要是凭着吃苦耐劳的精神和乡土性社会关系资源,融入当地社会。在总人口约 22 万的意大利普拉托省,温州籍华侨华人有近 3 万。这些人的生存发展得益于先期到达该地区的中国移民艰苦创业所凝聚起来的移民经济资源和社会网络。可见,华人要在海外立足发展,必定更依赖于华人在当地形成的社会网络。

(五)海外经贸合作区:边走边聚

　　海外经贸合作区,即主建企业作为负责园区建设者,负责发布园区规划及产业定位等信息，通过招商等方式，吸引相关企业入园，通常"滚动式""跟进式"投资，逐渐形成产业集群。这种方式倾向"边走边聚"。

自 2006 年中央经济工作会议提出"通过建立海外经济贸易合作区等方式，有序转移竞争力强的生产能力"以来[①]，我国海外经贸合作区（以下简称"合作区"）建设进入一个新时代，已经成为集群式海外投资的最主要的载体，是指由我国政府和牵头企业与东道国政府谈判签订协议，由东道国在协议所限定的地域范围内，提供良好的投资环境和减免关税等优惠政策的特殊区域。从本质上讲，海外经济贸易合作区是我国与其他国家之间在有关限定区域内更加紧密的双边经济贸易联系的一种制度安排，是我国在海外投资建设的经济开发区。海外经贸合作区建设始于 2006 年，2014 年以后明显增加。主要由商务部牵头，与政治稳定且同中国关系较好的国家政府签署相关协议，以国内审批通过的企业为建设经营主体，形成了各种不同类型的海外经贸合作区。

根据商务部统计，截至 2016 年底，中国企业在 36 个国家在建合作区 77 个，累计投资 241.9 亿美元，入区企业 1522 家，总产值 702.8 亿美元，上缴东道国税费 26.7 亿美元，为当地创造就业岗位 21.2 万个。其中，中国在 20 个"一带一路"沿线国家有 56 个合作区，占在建合作区总数超过 70%，累计投资 185.5 亿美元，入区企业 1082 家，总产值 506.9 亿美元，上缴东道国税费 10.7 亿美元，为当地创造就业岗位 17.7 万个（见表 3-13）。根据商务部的数据，在"一带一路"沿线国家海外经贸合作区中，平均每个园区的投资金额只有 3 亿多美元，每个企业的投资额也只有 1700 万美元。

表 3-13　所有在建合作区建设情况（截至 2016 年 12 月）

合作区总数/个	入区企业/个	累计投资额/亿美元	累计产值/亿美元	当地就业/万人	上缴税费/亿美元
77	1522	241.9	702.8	21.2	26.7
"一带一路":56	1082	185.5	506.9	10.7	17.7

资料来源：课题组."一带一路"中外合作园区发展报告[R].上海社科院,2017.

---

① 　参见胡锦涛在 2006 年 12 月 5 日至 12 月 7 日中央经济工作会议上的重要讲话。

在国家级海外经贸合作区方面,2006 年和 2007 年商务部积极推动合作区建立,在两次招标中确立了 19 个国家级海外经贸合作区项目。近年来,我国对合作区建设管理由"审批制"转变成"审核制",经过 10 多年的发展,由于各种原因,部分老的合作区项目因未通过审核而退出,新建的合作区成功通过审核,截至 2016 年 5 月,我国在国外共设立了 20 个国家级海外经贸合作区(见表3-14)。

表 3-14 中国国家级海外经贸合作区汇总(2016 年核定)

序号	合作区名称	国家	确认时间
1	柬埔寨西哈努克港经济特区	柬埔寨	2006
2	泰国泰中罗勇工业园	泰国	2006
3	越南龙江工业园	越南	2006
4	巴基斯坦海尔—鲁巴经济区	巴基斯坦	2006
5	赞比亚中国经济贸易合作区	赞比亚	2006
6	埃及苏伊士经贸合作区	埃及	2006
7	尼日利亚莱基自由贸易区(中尼经贸合作区)	尼日利亚	2007
8	俄罗斯乌苏里斯克经贸合作区	俄罗斯	2007
9	俄罗斯中俄托木斯克木材工贸合作区	俄罗斯	2007
10	埃塞俄比亚东方工业园	埃塞俄比亚	2007
11	中俄(滨海边疆区)农业产业合作区	俄罗斯	2015
12	俄罗斯龙跃林业经贸合作区	俄罗斯	2015
13	匈牙利中欧商贸物流园	匈牙利	2015
14	吉尔吉斯斯坦亚洲之星农业产业合作区	吉尔吉斯斯坦	2015
15	老挝万象赛色塔综合开发区	老挝	2015
16	乌兹别克斯坦鹏盛工业园	乌兹别克斯坦	2016
17	中匈宝思德经贸合作区	匈牙利	2015
18	中国·印尼经贸合作区	印度尼西亚	2015
19	中国印尼综合产业园区青山园区	印度尼西亚	2015
20	中国·印度尼西亚聚龙农业产业合作区	印度尼西亚	2015

注:确认时间是国家商务部和财政部联合签发《海外经济贸易合作区确认函》,承认园区的国家级资格的时间。

资料来源:根据商务部网站和各合作区网站整理。

上文列举的三种方式，第一种方式因各种原因，或衰退或转型；第二种方式大多属于自然人"走出去"而后在当地注册投资并形成集群，属于"先走后聚"，与我们普通意义的海外投资不尽相同；第三种方式于 2006 年由国家提出与倡导，发展较快，同时有大量问题需要研究。基于以上原因，也由于资料数据等的可获得性，笔者将第三种方式作为本课题的研究重点。

二、中国民营企业集群式海外投资的影响因素：基于浙江省的数据

如前所述，当前越来越多的民营企业采取集群的方式进行对外直接投资，也催生了学术界对这种行为模式的关注和研究。国外文献大多从集群优势、企业网络及空间地理等方面解释企业集群投资的影响因素，少量的相关国内文献中主要以阐述集群海外投资的形式及特征为主。与国内外现有文献不同，本章节从东道国出发研究东道国哪些因素吸引我国企业对其进行集群投资。

从初步调研发现，相比于大型国有企业，中小民营企业由于抗风险能力较弱，更倾向采取集群的方式进行对外直接投资。因此，为进一步研究集群式海外投资的影响因素，在实证研究的企业样本数据选择方面，本课题拟采用浙江省的企业样本数据。一是浙江省拥有数量众多的民营企业，对外直接投资企业数一直位列全国首位，能保证实证研究样本的充分性。二是从数据中可以发现浙江省企业对外直接投资具有明显的集群特征，少数东道国吸引了大量的浙江省企业对外直接投资，说明了本书数据样本选择的合理性。三是企业往往由于信息获取等因素进行集群，因此集群企业之间往往需要具有一定的关系，浙商在这一点上较为符合集群的条件，关系网络在浙商企业经营中具有重要的作用。基于这点考虑，为了使本书的研究更符合实际，本书并不选取全国样本，而是选择浙江省企业样本进行实证研究，也保证了集群的有效性。

课题组通过初步研究与考察发现，在经济上，人均收入越高、经济增长越快、与我国经贸关系越好以及贸易更便利的国家更易于吸引企业对其的集群对外直接投资，但较大经济规模的国家对企业集群投资却不具有吸引力。在政治上，政府行为越腐败的国家反而越能吸引企业对其的集群投资，这是因为成长

于市场不完善环境下的民营企业已具有较强的政府公关能力,在腐败程度更高的国家越能发挥这种优势,从而获得更大的收益。最后,企业对外直接投资更倾向于在距离更远和资源更丰富的国家进行集群。发达国家和发展中国家吸引企业集群投资的因素并不相同,尤其是发展中国家,由于经济发展较为落后,我国企业对其具有生产转移的投资动机,因此越大的市场规模和越低的人均收入越能吸引集群式企业对其直接投资。本章节拟通过计数模型,利用浙江省微观数据对此进行实证研究。

(一)浙江省企业对外直接投资发展状况与集群特征

浙江省是我国对外开放较早的地区,外经贸发展一直处于全国领先地位,在企业对外直接投资方面也位居全国前列。在我国中央政府于 2006 年提出实施企业"走出去"战略以后,浙江省企业对外直接投资迅速发展,取得了大幅度的增长,2012 年浙江省对外直接投资流量为 23.6 亿美元,居全国第 6 位;对外直接投资存量达 85.49 亿美元,位列全国第 4 位。表 3-15 列出了近年来浙江省对外直接投资流量和存量的增长状况,从表中可以发现除对外直接投资流量在较近年份有所波动以外,总体而言浙江省企业对外直接投资流量和存量均存在大幅度增长的发展态势。

表 3-15　浙江省对外直接投资发展状况

年份	对外直接投资流量/万美元	对外直接投资存量/万美元
2004	7225	19456
2005	15817	40708
2006	21528	70268
2007	40346	116259
2008	38768	154716
2009	70226	295923
2010	267915	584528
2011	185287	718913
2012	236023	854864

数据来源:《2012 年度中国对外直接投资统计公报》。

浙江省经济发展最为突出的并不是其经济规模,而是数量众多的民营企业,这些民营企业在浙江省的外经贸发展过程中起到了突出的作用。在企业对外直接投资方面,浙江省从事对外直接投资的企业数量历来位列全国首位,根据商务部统计,2012 年浙江省拥有海外企业(机构)数量占到了全国总数的17.1%。众多的企业从事对外直接投资为实证研究提供了丰富的素材和充足的样本,这也是本书选取浙江省样本数据研究企业对外直接投资集群行为的原因之一。本书基于商务部发布的《海外投资企业(机构)名录》统计分析浙江省2005—2010 年企业对外直接投资的集群现象,这 6 年间浙江省在海外设立了1611 家投资企业(机构),遍布全球 103 个国家(地区)。这些海外投资企业(机构)的设立在时间上较为平均,但在地区分布上却非常集中,从中可以体现出浙江省企业对外直接投资的集群特征。

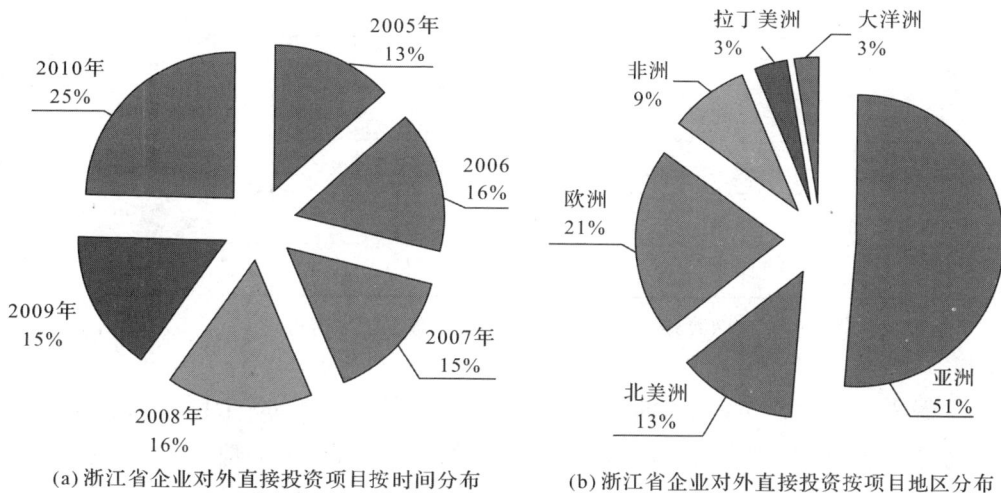

(a)浙江省企业对外直接投资项目按时间分布   (b)浙江省企业对外直接投资按项目地区分布

图 3-2 　浙江省企业对外直接投资项目按时间和地区分布

数据来源:根据商务部《海外企业(机构)名录》统计数据整理而得。

图 3-2 绘制了浙江省企业对外直接投资项目在时间和地区上的分布,从中可以发现时间上在 2005—2010 年的每年间分布非常均匀;但在地区之间的分布却非常集中,在亚洲、欧洲和北美洲的投资项目数量占了绝大部分的比例,仅针对亚洲的直接投资项目数量就占了总投资数量的一半以上。为了更为详细地说明这种企业集群对外直接投资现象,本书通过表 3-16 列出了浙江省设立

海外企业(机构)数量位列前十的国家情况。从表中可以发现浙江省企业对外直接投资所设海外投资企业(机构)高度集中在少数几个国家(地区),集群特征比较明显。浙江省海外企业数量位居前五的国家(地区)占了全部对外直接投资项目数的 34.20%,前十的国家(地区)所占比重达到了 46.55%。

表 3-16　2005—2010 年浙江省海外投资企业(机构)数排序(N=1611)

排序号	国家	海外投资企业(机构)数/家	累计占比/%
1	美国	182	11.30
2	阿联酋	174	22.10
3	俄罗斯	69	26.38
4	德国	64	30.35
5	越南	62	34.20
6	意大利	46	37.06
7	尼日利亚	39	39.48
8	澳大利亚	38	41.84
9	韩国	38	44.20
10	印度	38	46.55

数据来源:根据商务部《海外企业(机构)名录》统计数据整理而得。

需要进一步指出的是,2005—2010 年浙江省在非洲 26 个国家设立了 141 个海外投资企业,其中仅在尼日利亚一国就设立了 39 个项目,占比达到了 27.7%,充分说明了浙江省企业对非洲直接投资的集群特征。对拉丁美洲的直接投资也是如此,尽管浙江省在 8 个拉丁美洲国家仅设立了 57 个海外投资企业,但其中有 36 个集中在巴西和智利,比例高达 63.2%,也体现了集群的特征。在浙江省针对欧洲的直接投资中,俄罗斯、德国、意大利、英国和西班牙等 5 个国家的浙江省海外投资企业数占到了对共 27 个欧洲国家直接投资项目数的 70.2%,也体现了高度集群的特征。在浙江省针对亚洲的直接投资中,浙江省对阿联酋、越南、韩国、印度和日本等 5 个国家的直接投资项目数也占到了对所有 33 个亚洲国家投资项目数的 62.4%,也验证了浙江省企业对外直接投资的集群特征。

（二）实证研究

1. 方程构建和变量说明

本书研究东道国哪些因素吸引浙江省企业对其集群投资，从东道国与我国之间的经贸关系，东道国国内经济发展、贸易状况、资源条件以及政治环境等多种因素出发进行回归分析，建立如下的计量方程：

$$\text{Num}_{it} = \alpha_0 + \alpha_1 \ln \text{Ex}_{it} + \alpha_2 \ln \text{GDP}_{it} + \alpha_3 \ln \text{PGPD}_{it} + \alpha_4 \text{Rpgdp}_{it} + \alpha_5 \text{Trade}_{it} +$$

$$\alpha_6 \ln \text{Cx}_{it} + \alpha_7 \text{Eng}_{it} + \alpha_8 \ln \text{Inc}_{it} + \alpha_9 \ln \text{Dis}_i + u_i + v_t + \varepsilon_{it} \quad (R)$$

这里 Num_{it} 为 t 年浙江省在 i 国设立的直接投资海外企业（机构）数量，用来衡量浙江省企业对该东道国的直接投资集群状况。$\ln \text{Ex}_{it}$ 为 t 年我国对 i 国的出口贸易量（万美元）对数值，用来衡量我国和该东道国之间的经贸关系如何影响浙江省企业对其集群投资。$\ln \text{GDP}_{it}$ 为 i 国 t 年的 GDP（亿美元，2000 年固定美元价格）对数值，衡量该东道国市场规模对吸引集群对其直接投资的影响；$\ln \text{PGPD}_{it}$ 为 t 年 i 国的人均 GDP（美元，2000 年固定美元价格）对数值，衡量东道国经济发展水平产生的影响；Rpgdp_{it} 为 t 年 i 国的人均 GDP 增长率，反映经济前景预期对吸引企业集群对外直接投资的影响。Trade_{it} 为 t 年 i 国的贸易开放度；$\ln \text{Cx}_{it}$ 为 t 年 i 国的出口成本（美元，2000 年固定价格）对数值，用每单位集装箱产品的出口成本衡量，两个变量反映东道国贸易状况对浙江省对其集群投资所产生的影响。Eng_{it} 为 t 年 i 国矿物资源和金属出口占产品总出口的比重，反映该东道国资源条件对吸引集群投资所产生的影响。$\ln \text{Inc}_{it}$ 为 t 年 i 国"清廉指数（Corruption Perception Index）"的对数值，该指数由国际非政府组织"透明国际（Transparency International）"设计度量，用 0～10 进行衡量，越大的值代表该国政府越清廉，腐败度越低。本书将该指标纳入回归方程，旨在反映东道国政府的腐败状况如何影响浙江省企业对其的集群投资。$\ln \text{Dis}_i$ 为距离变量对数值，用浙江杭州与东道国首都之间的最短地球距离进行衡量，反映两地间隔如何影响浙江省企业的集群投资。u_i 为东道国 i 国的地区变量，v_t 为时间变量，ε_{it} 为回归残差。

本书的样本数据为 2005—2010 年浙江省企业对 65 个国家（地区）直接投资的面板数据，为了体现集群特征，删除了 2005—2010 年浙江省企业仅设立一个海外投资企业的国家样本，并删除了部分缺乏齐全数据的国家样本，最终保留了 65 个东道国的样本数据。浙江省在各东道国设立的海外投资

（机构）数量由商务部发布的《海外企业（机构）名录》整理统计而得；我国对各东道国的出口贸易数据由历年《中国贸易外经统计年鉴》整理而得；各东道国GDP、人均 GDP、GDP 增长率、贸易开放度、出口成本、资源出口度等数据均来源于世界银行发布的《世界发展指标》；各国"清廉指数"来源于"透明国际"发布的年度报告；杭州与各国首都之间的距离由世界时钟（The World Clock）设计的距离计算器计算而得。表 3-17 统计了本书回归方程各变量的基本信息。

表 3-17　浙江省企业对外直接投资回归方程各变量基本信息

变量	全球样本	发达国家样本	发展中国家样本
Num_{it}	3.485 (7.333)	6.735 (11.292)	1.822 (2.861)
$\ln Ex_{it}$	13.016 (1.747)	14.328 (1.331)	12.344 (1.543)
$\ln GDP_{it}$	6.819 (1.992)	8.475 (1.374)	5.997 (1.744)
$\ln PGPD_{it}$	7.898 (1.674)	9.806 (0.814)	7.060 (1.159)
$Rpgdp_{it}$	0.027 (0.040)	0.010 (0.037)	0.036 (0.038)
$Trade_{it}$	0.927 (0.720)	1.108 (1.021)	0.834 (0.479)
$\ln Cx_{it}$	6.948 (0.497)	6.791 (0.345)	7.027 (0.542)
Eng_{it}	0.096 (0.161)	0.060 (0.073)	0.114 (0.189)
$\ln Inc_{it}$	1.330 (0.500)	1.915 (0.293)	1.038 (0.272)
$\ln Dis_i$	8.880 (0.684)	8.817 (0.713)	8.918 (0.617)

注：表内为各变量均值；括号内为变量标准差。

2.全样本回归结果及解释

在本书的计量模型中，衡量浙江省企业集群对外直接投资的被解释变量

Num_{it}用浙江省历年在东道国设立的海外投资企业（机构）数量衡量，因此其在数学上的特征为非负整数，这使得本书回归方程的被解释变量不是连续变量，而是离散被解释变量。由于最小二乘法回归假设被解释变量服从连续的正态分布，在这种情况下，使用最小二乘法对本书的回归方程进行回归将会产生谬误结果，因此为保证回归的可靠性，本书使用计数模型回归方法对方程（R）进行回归。计数模型的回归方法大致可以分为三种：第一种为泊松回归，假设被解释变量服从泊松分布，其前提是回归方差和期望值大致相等；第二种为负二项回归，假设被解释变量服从负二项分布，前提是回归方差存在过度扩散的情况；第三种为零膨胀回归，对应于被解释变量存在部分零值的情况。由于无法预先判断本书回归结果的方差分布状况，且由于浙江省在某些年份对一些样本国不存在对外直接投资行为，即被解释变量有部分零值，因此本书分别使用泊松回归、负二项回归和零膨胀回归等三种方法对回归方程（R）进行回归。表 3-18 列出了全样本数据的回归结果。

表 3-18　浙江省企业对外直接投资全样本回归结果

变量	泊松回归	负二项回归	零膨胀回归
常数项 C	-8.866^{***} (0.000)	-5.935^{***} (0.000)	-8.689^{***} (0.000)
$\ln Ex_{it}$	0.839^{***} (0.000)	0.672^{***} (0.000)	0.861^{***} (0.000)
$\ln GDP_{it}$	-0.115^{**} (0.016)	-0.038 (0.682)	-0.196^{***} (0.000)
$\ln PGPD_{it}$	0.091^{*} (0.082)	-0.044 (0.602)	0.184^{***} (0.001)
$Rpgdp_{it}$	4.623^{***} (0.000)	3.921^{**} (0.016)	4.014^{***} (0.000)
$Trade_{it}$	0.047 (0.364)	0.030 (0.805)	0.027 (0.622)
$\ln Cx_{it}$	-0.377^{***} (0.000)	-0.274^{*} (0.071)	-0.492^{***} (0.000)
Eng_{it}	0.768^{**} (0.012)	0.706 (0.151)	0.763^{**} (0.018)

（续表）

变量	泊松回归	负二项回归	零膨胀回归
$\ln Inc_{it}$	-0.435^{***} (0.003)	-0.009 (0.973)	-0.709^{***} (0.000)
$\ln Dis_i$	0.167^{***} (0.000)	0.016 (0.887)	0.248^{***} (0.000)
R^2	0.467	0.141	—
α	—	$(-0.342, 0.128)$	—
Vuong	—	—	1.92^{**} (0.028)

注：括号内为回归 P 值；***、**、* 分别代表在1％、5％和10％水平上显著。

对比泊松回归和负二项回归的结果可以发现，负二项回归 α 值的95％置信区间为（$-0.342, 0.128$），无法在5％的水平上拒绝 $\alpha=0$ 的原假设，说明在泊松回归和负二项回归的比较中不适合使用负二项回归。再对比泊松回归和零膨胀回归，可以发现零膨胀回归的 Vuong 检验统计值在5％的水平上显著，说明对于本书的回归方程而言应拒绝泊松回归，而是用零膨胀回归。基于此，本书使用零膨胀回归的结果分析影响浙江省企业集群对外直接投资的东道国各类因素。从表 3-18 零膨胀的回归结果中可以发现 $\ln Ex_{it}$ 的系数显著为正，说明与我国经贸关系越好的国家越易于吸引浙江省的企业集群对其直接投资。$\ln GDP_{it}$ 的系数显著为负，反映出经济规模较小的国家越能吸引浙江企业对其的集群投资，该结论从侧面反映出民营企业居多的浙江省企业对竞争的规避，民营企业仍不具备在大市场国家参与激烈竞争的实力；$\ln PGPD_{it}$ 的系数显著为正，说明浙江省企业倾向对人均收入水平较高的国家进行集群投资，从这类国家易于获得更高的消费收入；$Rpgdp_{it}$ 的系数显著为正，说明经济增长越快，经济预期越好的国家更易于吸引浙江省企业对其集群投资。$Trade_{it}$ 的系数不显著，但 $\ln Cx_{it}$ 的系数显著为负，说明越低的贸易成本，即便利的贸易条件也是吸引浙江省企业对其集群投资的主要因素之一。Eng_{it} 的系数显著为正，较高的资源出口度反映了较低的资源成本，该结论说明浙江省企业在海外的集群投资也存在获取资源的意向。$\ln Inc_{it}$ 的系数显著为负，说明浙江省企业更倾向对政府行政腐败的国家进行集群投资，这个结论说明了成长于我国市场不完善背景下的民营企业具有较强的政府寻租能力，更适应不完善的市场制度，在越腐败的国家反而越能体现这种政府公关的竞争优势。ln Dis$_i$ 的系数显著为正，说明浙江省企业更多地在离家乡较远的国家进行集群投资，也体现了"浙商敢为天下先、开拓新市场"的特质。况且对外直接投资不同于出口贸易，成本受距离的影响并不大。

3. 分样本回归结果及解释

发达国家和发展中国家无论在经济发展水平、国际贸易抑或政治环境等方面均存在较大的差异，因此吸引浙江省企业对其集群投资的影响因素也可能存在较大的差别。基于此考虑，本书分别使用发达国家和发展中国家样本对回归方程（R）进行回归，得到表 3-19 和表 3-20 的结果。

表 3-19　浙江省企业对外直接投资发达国家样本回归结果

变量	泊松回归	负二项回归	零膨胀回归
常数项 C	$-13.317^{***}(0.000)$	$-10.246^{***}(0.001)$	$-12.588^{***}(0.000)$
ln Ex$_{it}$	$1.065^{***}(0.000)$	$0.910^{***}(0.000)$	$1.011^{***}(0.000)$
ln GDP$_{it}$	$-0.550^{***}(0.004)$	$-0.352^{**}(0.045)$	$-0.499^{***}(0.000)$
ln PGPD$_{it}$	$1.532^{***}(0.000)$	$1.289^{***}(0.000)$	$1.510^{***}(0.000)$
Rpgdp$_{it}$	$-0.637(0.711)$	$-1.819(0.378)$	$-0.572(0.574)$
Trade$_{it}$	$-0.228(0.181)$	$-0.193(0.198)$	$-0.175^{**}(0.030)$
lnCx$_{it}$	$-1.381^{***}(0.000)$	$-1.456^{***}(0.000)$	$-0.144^{***}(0.000)$
Eng$_{it}$	$4.520^{***}(0.001)$	$4.177^{***}(0.000)$	$4.516^{***}(0.000)$
lnInc$_{it}$	$-2.852^{***}(0.000)$	$-2.441^{***}(0.000)$	$-2.819^{***}(0.000)$
lnDis$_i$	$0.412^{***}(0.000)$	$0.369^{***}(0.003)$	$0.428^{***}(0.000)$
R^2	0.629	0.223	—
α	—	$(-1.404, 0.244)$	—
Vuong	—	—	$0.85(0.196)$

注：括号内为回归 P 值；*** ，** ，** 分别代表在 1%、5% 和 10% 水平上显著。

表 3-20　浙江省企业对外直接投资发展中国家样本回归结果

变量	泊松回归	负二项回归	零膨胀回归
常数项 C	−6.150***	−5.036**	−5.918***
	(0.000)	(0.014)	(0.000)
$\ln Ex_{it}$	0.493***	0.460***	0.448***
	(0.000)	(0.000)	(0.000)
$\ln GDP_{it}$	0.304***	0.303***	0.309***
	(0.000)	(0.004)	(0.000)
$\ln PGPD_{it}$	−0.458***	−0.501***	−0.464***
	(0.000)	(0.000)	(0.000)
$Rpgdp_{it}$	1.777	0.927	0.458
	(0.196)	(0.654)	(0.790)
$Trade_{it}$	0.524***	0.405*	0.670***
	(0.000)	(0.052)	(0.000)
$\ln Cx_{it}$	0.072	0.138	0.056
	(0.559)	(0.474)	(0.693)
Eng_{it}	0.605	0.729	0.863**
	(0.125)	(0.148)	(0.048)
$\ln Inc_{it}$	−0.152	0.303	−0.465*
	(0.546)	(0.417)	(0.093)
$\ln Dis_i$	0.089	−0.046	0.194*
	(0.365)	(0.739)	(0.088)
R^2	0.271	0.116	—
α	—	—	—
Vuong	—	—	1.77**
			(0.039)

注:括号内为回归 P 值;***、**、*分别代表在 1%、5% 和 10% 水平上显著。

从表 3-19 和表 3-20 回归结果的统计量中可以发现,发达国家样本较适合使用泊松回归,发展中国家样本较适合使用零膨胀回归,因此本书分别用发达国家样本的泊松回归结果和发展中国家样本的零膨胀回归结果进行分析。对比三个表的回归结果,可以发现 $Rpgdp_{it}$ 的系数在发达国家和发展中国家样本回归结果中均不再显著,这是因为各东道国经济增长率的差异在于发达国家和发展中国家之间，而两类国家内部经济增长率差异不大，因而浙江省企业对发达国家和发展中国家的集群投资并不考虑经济增长率的内部差异。除此之外，发达国家样本回归结果的其他变量符合及显著性均与全样本回归结果一致，而发展中国家样本回归结果则出现了较大差异。在发展中国家样本回归结果中，$\ln GDP_{it}$ 的系数显著为正，$\ln PGPD_{it}$ 的系数显著为负，恰好与全样本回归结果以及发达国家样本回归结果相反，造成这种结果的原因是浙江省企业对发展中国家的直接投资兼具市场开拓和生产转移动机（余官胜和林俐，2014）。一方面，尽管浙江省企业针对发达国家的集群投资因规避竞争而倾向市场规模较小的国家，但发展中国家国内竞争较小，市场规模越大反而因产品需求越大而吸引浙江省企业的集群投资。另一方面，人均 GDP 较低的发展中国家人均收入和劳动成本也较低，更易于吸引浙江省企业因生产转移动机而进行集群投资。$Trade_{it}$ 的系数在发展中国家显著为正，而 $\ln Cx_{it}$ 的系数不显著，尽管与全样本回归结果和发达国家回归结果产生了差别，但仍表明一国便利的国际贸易条件更易于吸引浙江省企业对其的集群投资，只是国际贸易的影响方式不同。发展中国家样本回归结果的其他变量系数及显著性与全样本及发达国家样本回归结果并无差异。

（三）小　结

在新的全球经济形势下，企业对外直接投资已成为促进我国外经贸发展的主要增长点，中央及各地方政府部门也采取了各种措施推动企业通过对外直接投资实施"走出去"战略。企业在东道国的集群则被认为是促进对外直接投资的有效途径，事实上我国也已经出现了大量的企业集群对外直接投资现象，本书结合当前这一经济现象以及政策重点基于浙江省样本从东道国角度出发研究企业集群对外直接投资。本书的计数模型实证研究发现与我国经贸关系越好、国内经济规模越小、人均收入越高、人均收入增长越快、贸易条件越便利、资源越丰富的国家越能吸引企业对其进行集群投资。此外，由于我国民营企业的特征和浙商的特质，企业更倾向对政府行政腐败程度更高以及地理距离更远的国家进行集群投资。发展中国家吸引我国企业进行集群投资的因素则存在较大差别，由于我国企业对发展中国家的直接投资兼具市场开拓和生产转移动机，并且发展中国家国内竞争较弱，因而更大的市场规模和更低的人均收入反而更能吸引企业对其进行集群投资。

在国内的文献中,本书首次尝试通过实证研究考察我国企业对外直接投资的海外集群现象,探明了影响我国企业集群对外直接投资的因素,为后续提供研究框架和基本线索,但该领域的研究仍需在以下几个方面进行进一步的完善。首先,该领域的研究仍缺乏将集群概念纳入主流国际投资模型的框架,事实上由于集群概念难以数据化,目前国外学术界也尚未尝试构建集群对外直接投资的标准理论模型。其次,由于缺乏微观层面企业对外直接投资规模的数据,本书仅衡量对外直接投资项目的集群,未研究其规模的集群,这需要相关政府部门和学术机构合力构建完善的微观企业对外直接投资数据库。最后,尽管本书已经考虑了较多的东道国因素,但仍未研究东道国社会发展因素对吸引我国企业进行集群投资的影响,这是因为目前国际学术界对各国社会发展的度量尚未统一,这也是未来从社会学研究企业对外直接投资的研究方向。

三、中国民营企业集群式海外投资区位选择:基于浙江省的数据

我国民营企业对外直接投资行为越来越体现出在东道国的集群现象,大部分的投资集中在少数几个国家,也吸引了部分学者对该现象的关注。根据商务部发布的《2012 年度中国企业对外直接投资统计公报》统计,我国针对对外直接投资规模占前 20 的东道国的投资流量规模占到了总流量规模的 90%以上,投资存量规模则占到了总存量规模的近 90%。我国企业对外直接投资区位选择集群特征的凸现使得研究为什么会出现这种现象具有较为重要的理论意义和政策价值。在国外文献中,邓宁最早研究了企业对外直接投资区位选择行为,基于 OIL 范式构建了资产开拓和资产寻求动机的区位选择理论,为后续研究提供了基本的理论框架。然而,针对企业对外直接投资集群的国内外研究文献并不多,国外文献大致从企业网络与空间地理两个方面展开。国内有关企业集群对外直接投资的文献基本上都是定性地提出概念以及政策措施等。基于此,本书考察这种集群现象是否具有自我延续性,即在东道国信息不对称的情况下,新晋企业进行对外直接投资项目时是否倾向选择已有我国企业集群的东道国,对该问题的解答事实上也有助于探明信息在企业对外直接投资区位选择中的重要性。

在实证研究的样本企业选择方面,考虑到企业往往因为某种关系联络而形

成集群,并且集群网络内的信息传递也难以在大区域范围内呈现,因此对于本书而言,选择全国样本进行实证研究并不合适。浙江省的企业行为则为本书提供了最为理想的样本数据选择。一方面,关系网络是浙商成功经营的关键因素,浙商具有利用关系充分获取信息的能力,非常符合集群的内涵;另一方面,浙江省从事对外直接投资的民营企业数量众多,多年来一直位列全国首位,为实证研究提供了充分的样本。

通过初步研究与考察发现,由于东道国国别经济存在较大的差异,因此我国企业在对外直接投资区位选择过程中较为注重特定的国别状况,如东道国经济规模、人均收入、贸易开放、资源条件等因素,此外,本国企业在东道国的海外集群也是企业对外直接投资区位选择决策的不可忽视因素。企业海外集群是东道国吸引新晋企业对其直接投资的重要区位优势,并且这种区位优势在资源越丰富和市场规模越大的国家发挥的作用也越大。无论在发达国家还是发展中国家东道国,企业海外集群吸引新晋企业对外直接投资的正向影响均保持不变。企业对外直接投资的海外集群具有自我延续性,也反映了信息在企业对外直接投资区位选择中的重要性。本章拟利用浙江省微观企业数据构造二值选择模型,并使用浙江省在某东道国的直接投资项目数度量在该国的海外集群状况,通过构建二阶段二值选择模型进行实证研究。同时,为了消除回归的内生性问题,拟使用地理距离作为企业海外集群的工具变量。

(一)浙江省企业集群式海外投资的区位选择

考虑到东道国经济差异对企业直接投资区位选择的影响,本书从东道国经济因素出发,对 2011 年浙江省企业对 47 个国家(地区)的直接投资数据构建二值选择模型并进行实证研究,旨在探讨企业在东道国的海外集群是否构成新晋对外直接投资企业进行区位选择的吸引因素,并通过稳健性检验,在各种维度下保障实证研究的准确性。

本书以 2011 年为样本时间点研究新晋企业对外直接投资的区位选择行为,并以东道国 2005—2010 年吸引的浙江省企业对外直接投资项目数衡量企业海外集群。根据商务部发布的《海外企业(机构)名录》统计,2011 年浙江省企业共在 57 个国家新设对外直接投资项目,为了体现企业海外集群的影响,本书的样本去除掉了 10 个在 2005—2010 年仅吸引 1 个浙江省对外直接投资项目的东道国,因此本书的样本包含 260 家浙江省企业在 47 个国家(地区)新设的 299 家海外企业,即 2011 年浙江省新增了 299 个对外直接投资项目。

浙江省企业对外直接投资区位选择指标构建的数据和企业海外集群构建的数据均由商务部发布的《海外企业(机构)名录》整理而得。东道国的各经济变量数据均由世界银行发布的《世界发展指标》(*World Development Indicator*)整理统计而得。表 3-21 列出了本书实证研究的样本国。

表 3-21　浙江省企业对外直接投资目的国分布

投资区域	投资目的国
亚洲	阿联酋、巴基斯坦、菲律宾、哈萨克斯坦、韩国、柬埔寨、老挝、马来西亚、蒙古国、孟加拉国、日本、泰国、土耳其、新加坡、伊朗、印度、印度尼西亚、越南
欧洲	比利时、波兰、德国、俄罗斯、荷兰、瑞典、瑞士、乌克兰、西班牙、意大利、英国
非洲	埃及、埃塞俄比亚、安哥拉、刚果(金)、加纳、马里、摩洛哥、南非、尼日利亚、坦桑尼亚
北美洲	加拿大、美国、墨西哥
拉丁美洲	巴拿马、巴西、秘鲁
大洋洲	澳大利亚

(二)实证研究

1.方程构建与变量说明

为了研究这 299 个新晋企业对外直接投资项目的区位选择,本书构建如下的二值指标:将 260 家企业和 47 个东道国进行匹配,如果某东道国吸引某家浙江省企业对其进行直接投资,则计为 1;如果某东道国无法吸引某企业对其直接投资,则计为 0。这种方法度量了浙江省对东道国的直接投资倾向,反映出该东道国吸引投资的区位优势。为了研究企业海外集群投资区位选择的影响因素,本书构建如下的回归方程:

$$Y_i = \alpha_0 + \alpha_1 \ln \mathrm{Num}_i + \alpha_2 \ln \mathrm{GDP}_i + \alpha_3 \ln \mathrm{PGDP}_i + \alpha_4 \mathrm{Trade}_i + \alpha_5 \mathrm{Eng}_i + \varepsilon_i \quad (R)$$

这里 Y_i 为按上文方式匹配度量的 0 和 1 二值指标,以 1 代表 2011 年浙江省某个企业有对 i 东道国进行直接投资项目;0 代表东道国 i 没有吸引某企业对其直接投资项目。$\ln \mathrm{Num}_i$ 为浙江省 2005—2010 年在东道国 i 设立的海外企业总数的对数值，即这 6 年间对东道国 i 的直接投资项目总数，用以衡量浙江省企业在该东道国的集群状况。ln GDP 为 i 东道国的 GDP（亿美元，2000 年固定美元价格）对数值，反映东道国经济规模对新晋企业直接投资区位选择的影响；ln $PGDP_i$ 为 i 东道国的人均 GDP（2000 年美元价格）对数值，衡量东道国人均收入状况对区位选择的影响；$Trade_i$ 为 i 东道国的进出口贸易占 GDP 的比重，反映东道国贸易开放度对区位选择的影响；Eng_i 为 i 东道国矿物资源和金属资源出口占总出口的比重，目的在于研究东道国的资源状况是否影响浙江省企业对其直接投资区位选择。东道国的各经济变量均为 2005—2010 年的平均值，这样处理的目的在于消除经济波动带来的不稳定影响，而且企业进行对外直接投资区位选择决策时也往往根据东道国多年的经济表现进行综合判断。

2. 二值选择模型研究结果

在回归方程（R）中，被解释变量 Y_i 为取值是 1 或 0 的二值离散变量，因此需要使用二值选择模型进行回归。本书分别使用 Probit 和 Logit 模型对方程（R）进行回归，得到表 3-22 的结果。

由于本书将 260 家企业和 47 个东道国进行匹配，因此共有 12220（260×47）个样本观测值。对比 Probit 模型和 Logit 模型的回归结果可以发现，对应解释变量的系数符合和显著性均保持一致，在回归结果（1）和（1′）中，ln Num_i 的系数显著为正，说明浙江省企业在东道国的集群确实构成该东道国吸引新投资项目的区位优势，也体现了企业对外直接投资集群效应的自我延续性。在控制变量中，ln GDP_i 的系数显著为正，说明经济规模越大的国家越具有吸引浙江省企业对其进行直接投资的区位优势；ln $PGDP_i$ 的系数显著为负，说明浙江省企业倾向对收入水平较低的国家进行直接投资，这是因为收入水平较低的国家劳动力成本较低，有助于生产转移动机企业对其直接投资的成本节约[30-31]；$Trade_i$ 的系数显著为正，说明贸易开放度越高的国家越具有吸引浙江省企业对其直接投资的区位优势，这同样是由于贸易开放为生产转移型对外直接投资企业提供了便利；Eng_i 的系数显著为正，说明资源丰富的国家具有更大的优势，这是因为资源丰富的国家能为对外直接投资企业提供廉价的资源要素。

表 3-22　浙江省企业对外直接投资二值选择模型回归结果

变量	Probit 模型			Logit 模型		
	(1)	(2)	(3)	(1′)	(2′)	(3′)
常数项 C	−4.085*** (0.000)	−3.935*** (0.000)	−2.965*** (0.000)	−8.974*** (0.000)	−8.947*** (0.000)	−6.300*** (0.000)
$\ln \text{Num}_i$	0.354*** (0.000)	0.330*** (0.000)	−0.011 (0.885)	0.821*** (0.000)	0.770*** (0.000)	0.094 (0.566)
$\ln \text{GDP}_i$	0.136*** (0.000)	0.129*** (0.000)	—	0.349*** (0.000)	0.330*** (0.000)	—
$\ln \text{PGDP}_i$	−0.054* (0.070)	−0.056* (0.062)	−0.064** (0.016)	−0.124* (0.071)	−0.123* (0.073)	−0.114* (0.075)
Trade_i	0.268*** (0.000)	0.262*** (0.000)	0.303*** (0.000)	0.552*** (0.000)	0.531*** (0.000)	0.589*** (0.000)
Eng_i	1.125*** (0.000)	—	0.827*** (0.000)	2.706*** (0.000)	—	1.844*** (0.008)
$\ln \text{Num}_i \times \text{Eng}_i$	—	0.477*** (0.000)	—	—	1.042*** (0.000)	—
$\ln \text{Num}_i \times \ln \text{GDP}_i$	—	—	0.045*** (0.000)	—	—	0.090*** (0.000)
R^2	0.210	0.209	0.217	0.219	0.219	0.224
样本数	12220	12220	12220	12220	12220	12220

注：括号内为回归 P 值；***、**、*分别代表在 1%、5% 和 10% 水平上显著。

　　(2)和(2′)的回归结果中加入了企业海外集群变量和资源开放度的乘积项 $\ln \text{Num}_i \times \text{Eng}_i$，为了消除共线性产生的影响，在回归方程中去掉了 Eng，目的是考察在资源状况不同的东道国，企业海外集群对所在东道国吸引新晋企业直接投资的影响力度是否存在差异。回归结果显示 $\ln \text{Num}_i$ 的系数仍显著为正，$\ln \text{Num}_i \times \text{Eng}_i$ 的系数也显著为正，说明在资源越丰富的国家，企业海外集群对新晋企业对其直接投资区位选择的正向影响也越大。出现这种结果的原因是，企业往往为了资源获取而对资源丰富的国家进行直接投资，资源获取则涉及与东道国政府以及当地民众之间的社会关系处理，需要更多更复杂的信息，因而国内企业在该东道国的集群程度越高，这种信息的传递也将越简便，东道国的区位优势才能更好地体现出来。（3）和（3'）的回归结果中添加了企业海外集群和东道国经济规模的乘积项 $\ln \text{Num}_i \times \ln \text{GDP}_i$，同样为了消除共线性而在回归方程中去掉了 $\ln \text{GDP}_i$，旨在研究在经济规模不同的国家，企业集群影响新晋企业对其直接投资区位选择的力度是否相同。回归结果显示 $\ln \text{Num}_i$ 不再显著，而 $\ln \text{Num}_i \times \ln \text{GDP}_i$ 显著为正，说明了在经济规模越大的东道国，企业海外集群产生的影响也越大，这是因为市场规模越大的国家信息量也越大，竞争也越激烈，一方面需要通过企业集群进行风险抵御，另一方面也更需要企业集群为新晋企业传递信息。

3. 工具变量研究结果

在本书的回归方程中，解释变量包含了浙江省企业海外集群变量和东道国经济发展变量，由于企业集群也受东道国经济变量的影响，因此本书的回归方程可能出现东道国变量共同决定企业海外集群和新晋企业对外直接投资区位选择的内生性问题，导致回归出现谬误结果。为了解决这种谬误回归问题，也确保回归结果的稳健性，本书需构建企业海外集群的工具变量进行进一步的回归分析。一个恰当的工具变量需要满足两个条件：一是外生性，即与回归的扰动项不相关；二是与内生解释变量相关。基于这两方面考虑，本书选取地理距离变量，即浙江杭州与东道国首都之间的距离对数值 $\ln \text{Dis}_i$ 作为浙江省企业海外集群的工具变量。一方面，地理距离不受任何因素的影响，高度外生；另一方面，地理距离影响出口成本，进而影响浙江省与相应东道国的经贸关系，而经贸关系是影响企业对外直接投资的重要因素。

本书使用世界时钟（The World Clock）设计的距离计算器计算地理距离，并使用地理距离变量 $\ln \text{Dis}_i$ 作为企业海外集群变量 $\ln \text{Num}_i$ 的工具变量，运用二阶段二值选择模型对方程（R）进行回归，得到表 3-23 的结果。

表 3-23 浙江省企业对外直接投资工具变量二阶段回归结果

变量	Probit 模型			Logit 模型		
	(1)	(2)	(3)	(1')	(2')	(3')
常数项 C	−4.222*** (0.000)	−3.906*** (0.000)	−3.073*** (0.000)	−9.235*** (0.000)	−8.608*** (0.000)	−6.143*** (0.000)
$\ln \text{Num}_i$	0.358*** (0.000)	0.317*** (0.000)	−0.986*** (0.000)	0.836*** (0.000)	0.723*** (0.000)	−2.591*** (0.000)

（续表）

变量	Probit 模型			Logit 模型		
	(1)	(2)	(3)	(1′)	(2′)	(3′)
$\ln \text{GDP}_i$	0.332*** (0.000)	0.298*** (0.000)	—	0.803*** (0.000)	0.747*** (0.000)	—
$\ln \text{PGDP}_i$	−0.130*** (0.000)	−0.119*** (0.000)	0.065*** (0.002)	−0.307*** (0.000)	−0.292*** (0.000)	0.122** (0.032)
Trade_i	0.489*** (0.000)	0.453*** (0.000)	0.317*** (0.000)	1.080*** (0.000)	1.012*** (0.000)	0.733*** (0.000)
Eng_i	1.331*** (0.000)	—	0.225 (0.381)	3.199*** (0.000)	—	0.628 (0.347)
$\ln \text{Num}_i \times \text{Eng}_i$	—	0.943*** (0.063)	—	—	2.975** (0.030)	—
$\ln \text{Num}_i \times \ln \text{GDP}_i$	—	—	0.177*** (0.000)	—	—	0.448*** (0.000)
R^2	0.208	0.203	0.188	0.218	0.214	0.197

注：括号内为回归 P 值；***、**、*分别代表在 1%、5% 和 10% 水平上显著；为简化起见，本书未列出一阶段回归结果。

对比表 3-22 和表 3-24 的回归结果，可以发现（1）、（2）和（1′）、（2′）回归结果中的各变量系数符合度和显著性均未发生变化，而（3）和（3′）的结果则出现较大的不同。在工具变量二阶段二值选择模型回归结果中（3）和（3′）中，$\ln \text{Num}_i$ 的系数显著为负，$\ln \text{Num}_i \times \ln \text{GDP}_i$ 的系数显著为正，说明在控制了内生性后，回归结果显示在经济规模较小的国家，浙江省企业在东道国集群反而不利于该东道国吸引新晋企业对其直接投资，这是因为由于东道国经济规模较小，企业集群导致市场饱和，留下的市场空间有限，难以再吸引新的企业对其进行直接投资；在市场规模较大的国家，企业集群对新晋企业对其直接投资区位选择的正向影响依然较大。$\ln \text{PGDP}_i$ 的系数在（3）和（3′）中变得显著为正，Eng_i 的系数不再显著，Trade_i 的系数依然显著为正，说明东道国人均收入和资源开放度对企业对其直接投资区位选择影响的稳健性不高，而贸易开放带来的影响具有较高的稳健性。

4. 分样本研究结果

发达国家和发展中国家经济发展存在较大差异，因此国内各种因素以及浙江省企业对其的海外集群会对新晋企业对其直接投资区位选择将可能产生不同的影响。为了对此进行检验，本书分别使用发达国家和发展中国家样本对方程（R）进行回归。表 3-24 和表 3-25 分别列出了普通二值选择模型和工具变量二值选择模型的回归结果。

表 3-24　浙江省企业对外直接投资分样本二值选择模型回归结果

变量	发达国家样本		发展中国家样本	
	Probit 模型	Logit 模型	Probit 模型	Logit 模型
常数项 C	−5.849***	−13.094***	−2.981***	−6.436***
	(0.000)	(0.000)	(0.000)	(0.000)
ln Num_i	0.414***	0.889***	0.195***	0.525***
	(0.000)	(0.000)	(0.002)	(0.001)
ln GDP_i	0.226***	0.460***	0.073	0.182
	(0.000)	(0.000)	(0.226)	(0.250)
ln $PGDP_i$	0.003	0.135	−0.069	−0.161
	(0.982)	(0.689)	(0.314)	(0.366)
$Trade_i$	0.313***	0.598***	0.211	0.529
	(0.000)	(0.000)	(0.117)	(0.127)
Eng_i	2.074***	4.391***	0.301	0.829
	(0.001)	(0.002)	(0.387)	(0.394)
R^2	0.241	0.247	0.041	0.041
N	4680	4680	7540	7540

注：括号内为回归 P 值；***、**、*分别代表在 1%、5% 和 10% 水平上显著。

表 3-25　浙江省企业对外直接投资分样本工具变量二阶段回归结果

变量	发达国家样本		发展中国家样本	
	Probit 模型	Logit 模型	Probit 模型	Logit 模型
常数项 C	−7.743***	−16.656***	−2.796***	−5.946***
	(0.000)	(0.000)	(0.000)	(0.000)
ln Num_i	0.411***	0.884***	0.206***	0.549***
	(0.000)	(0.000)	(0.001)	(0.001)
ln GDP_i	0.499***	1.038***	0.186***	0.490***
	(0.000)	(0.000)	(0.000)	(0.000)

（续表）

变量	发达国家样本		发展中国家样本	
	Probit 模型	Logit 模型	Probit 模型	Logit 模型
$\ln PGDP_i$	0.024 (0.850)	0.193 (0.566)	-0.163^{***} (0.005)	-0.415^{***} (0.006)
$Trade_i$	0.565^{***} (0.000)	1.149^{***} (0.000)	0.410^{***} (0.001)	1.067^{***} (0.000)
Eng_i	3.134^{***} (0.000)	6.802^{***} (0.002)	0.402 (0.242)	1.116 (0.244)
R^2	0.238	0.245	0.042	0.042
N	4680	4680	7540	7540

注：括号内为回归 P 值；***、**、*分别代表在 1％、5％和 10％水平上显著；为简化起见，本书未列出一阶段回归结果。

对比表 3-25 和表 3-26 的回归结果可以发现，在发达国家样本回归结果中各变量系数符合度和显著性均保持一致；而在发展中国家样本中，使用工具变量回归后使得原先不显著的东道国经济变量基本变成显著，说明内生性问题在发展中国家普通二值选择模型回归中较为严重。从工具变量回归结果中可以发现，$\ln Num_i$ 的系数在各样本中均显著为正，说明无论是在发达国家还是在发展中国家，浙江省企业对其的集群均构成了吸引新晋企业对其直接投资的区位优势。$\ln PGDP_i$ 的系数在发达国家样本中不再显著，这是因为发达国家人均收入水平都较高，浙江省企业对其进行直接投资时并不考虑该因素；类似的，由于发展中国家基本靠资源吸引企业对外直接投资，反而使得资源丰富度不是企业着重考虑的因素，因而发展中国家样本回归结果中 Eng_i 的系数不再显著；其他东道国经济变量的系数符合度和显著性基本与表 3-22 保持一致。

（三）小　结

企业对外直接投资是近年来我国外经贸发展的主要趋势，其在海外的集群和区位选择也成为学术界的重要研究话题。本书基于理论和政策热点，探讨了我国企业在海外的集群是否构成东道国吸引新晋企业对其直接投资的区位优势。考虑到东道国国别经济差异对企业直接投资区位选择影响的重要性，本书从国别因素出发研究企业对外直接投资的区位选择，并将东道国经济规模、人均收入、贸易开放和资源条件等归入区位选择影响因素中。浙江省企业对外直接投资的发展为本书的实证研究提供了非常恰当的样本，本书使用浙江省企业在某东道国设立的直接投资项目数度量海外集群状况，并利用浙江省微观企业数据构造二值选择模型发现企业海外集群确实构成东道国吸引新晋企业对其直接投资的区位优势；并且在资源越丰富和市场规模越大的国家，企业海外集群产生的这种正向效应越大。考虑到东道国经济变量可能同时决定企业海外集群和新晋企业对其的直接投资，由此将产生内生性而导致谬误回归，因此本书选择地理距离作为企业海外集群的工具变量，通过二阶段二值选择模型回归得到基本类似的结论。最后，本书的分样本回归结果发现无论是发达国家还是发展中国家东道国，企业的海外集群均有助于东道国吸引新晋企业对其直接投资。本书的实证研究一方面发现了企业对外直接投资区位选择的新决定因素，另一方面也证明了企业对外直接投资在海外的集群存在一定的自我延续性，进一步探明了我国企业对外直接投资在海外的行为方式。

第四章 中国民营企业集群式海外投资模式：海外商城与海外华人产业集群

本章重点探讨集群式海外投资模式的两种方式，即海外商城与海外华人产业集群。以典型地区浙江为例，在梳理海外商城发展历程的基础上，探讨其影响因素及效应等问题。研究表明，民营企业利用国内市场建设经验在海外创办商城，一定程度上对国内商品的输出起到带动作用，然而，这种初级的集群式海外投资方式逐渐衰退或演变为其他方式。同时，本书通过温商集中的佛罗伦萨皮具生产中心的案例分析，探讨海外华人产业集群形成机理，研究表明，社会网络是促进产业集群形成的主要因素，然而，这种产业集群低端锁定比较明显，受外界经济、政策等因素的影响较大，同时，生活质量、社会活动及安全问题在不同程度上影响了海外华人对东道国归属感。

一、海外商城：以浙江省为例

中国民营企业利用国内市场建设经验，在海外创办商城，属于集群式海外投资"先聚后走"的类型（第三章阐述过）。海外商城于 20 世纪末开始出现，从商业形态看，仍然是一种较为初级的海外投资集群模式。不可否认，那个特定时期在很大程度上带动了国内商品的批量输出，对外贸发展起到历史性的作用。但这种方式由于各种原因存在时间并不长，自 2009 年以来逐渐出现衰退的趋势或被其他新型模式取代。本章尝试对其发展历程、优势、效应进行分析，并对其衰退原因进行剖析，以期引起关注。

(一)海外商城发展历程及现状

浙江作为民营经济大省，民营企业发达，产业集群现象显著，创办国内专业市场起步早且经验丰富，于是成为全国第一家海外商城的创建者，走在全国前列。纵观发展历程,海外商城应该说发源于地摊买卖及国内专业市场。下面详述之。

1. 地摊买卖

改革开放初期,浙江大力发展家庭工业(作坊)并生产一些轻工"小商品"。为满足当地生产、生活需要,浙江人民自发地通过摆设地摊方式自销产品。例如,20 世纪 70 年代中期桥头纽扣市场出现与此不无关系,当时在 320 国道永嘉桥头地段的路边出现了许多小商小贩沿路摆摊,从此逐渐发展而成。此外,义乌中国小商品城的前身,是由当地农民和个体工商户自发"集贸"而形成的义乌小商品市场。20 世纪 80 年代初,他们在马路两侧设摊经营,很快形成了"马路市场"。民营企业在经营国内市场的过程中,完成从地摊买卖到专业市场的转变,实际上是一种销售组织形态的转型,而产业集群与政策引导则是推动这种转变的关键要素。

浙江省各地的"地摊市场"或"马路市场"是特定历史的市场形态,而后成为专业市场的"萌芽"。大量的研究文献表明,专业市场的形成与当地产业集群(企业群落或"块状经济")的形成与发展息息相关。早期的研究文献普遍认为,专业市场与农村工业化共生,是大量乡镇企业和个体私营企业在计划体制之外扩大市场范围的销售渠道,这里提到的农村工业化后来成为产业集群最原始的基础。后来的大量研究文献则表明,专业市场的进一步发展与产业集群有着"共生"的关系。产业集群的形成与发展是以专业市场为特征的"义乌模式"的活力所在;也有学者通过对台州市场的分析发现,相对于大多数消费品市场的停滞与下滑,依赖于产业集群的生产资料专业市场仍然具有很好的发展趋势。

2. 国内专业市场

而到了 20 世纪 80 年代中期,家庭工业得到继续发展,出现了专业市场。专业市场的兴起与发展,一方面,依托具有区域特色的产业;另一方面,得益于当地政府为市场发展而营造的良好政策环境。当时温州情况非常典型。1986年初春,费孝通在温州考察时,撰写了《温州行》。温州变化的基本经验是什么?有的同志总结了两条:一是在生产领域发展了家庭工业,二是在流通领域开辟了专业市场。何荣飞于 1989 年出版的《温州民间市场考察》中专门考察并记载了温州十大专业市场:在众多的温州农村商品市场中,1985 年以前,人们公认的十大商品市场是永嘉县桥头纽扣市场、乐清县柳市五金电器市场、乐清虹桥农贸市场、瑞安塘下塑料拉线编织袋市场、瑞安仙降塑革鞋市场、平阳萧江编织袋市场、平阳水头兔毛市场、苍南宜山再生腈纶市场、苍南钱库综合商品市场、苍南金乡小商品市场。纵观温州的商品市场情况,真可谓气势磅礴、色彩斑斓,完全可以用下面七个字来概括:多、高、广、细、廉、大、快。

进入 20 世纪 90 年代后,浙江省各地根据发展商品经济的需要,建设了一批规模较大、辐射力较强的专业批发市场。至 2001 年,全省有商品交易市场 4278 个,年成交额 4652 亿元,连续 11 年名列全国第一。不少专业市场在全国享有极高的知名度,如义乌中国小商品城和绍兴中国轻纺城分别以年成交额 212 亿元、207.5 亿元居年度全国市场成交额榜首和第二名。[①] 纵观省内专业市场发展历程,大多数市场都有一个兴起、发展与转型的过程,其间一些市场因环境变化而终结,而一些市场因环境变化而不断转型、升级。政府的有效支持和引导为浙江专业市场兴起、发展与不断提升提供了良好政策环境。义乌中国小商品城建设具有一定的典型意义。义乌市政府本着尊重群众的首创精神,并从舆论、场地、资金等方面给以扶持,小商品市场逐步从"有市无场的马路市场"向着"有市有场"、从"小打小闹的小市场"向着"大市大场"演进,最后发展成为享誉中外的"中国小商品城"。在每一个发展阶段,都离不开政府对义乌小商品市场的支持,其主要表现在两个方面:一是对市场主体利益的保护,二是政府的行为是以整个市场制度对义乌经济发展的积极影响为目标函数的。

3. 海外商城

经过了国内专业市场及国内经营,经过多年的产品出口,浙江民营企业在价值链中端(制造生产环节)积累了大量优势,但仍然无法摆脱"低价格、大销量"的外贸盈利模式。此时,浙江省许多具有实力的企业"抱团"兴办海外商城,成为快速进入国际市场的一种较为便捷而有效的方式。

(1)全省情况

海外商城发展迅速。1998 年 11 月,浙江中华商城有限公司独资创办了巴西中华商城,是浙江在南美的第一个对外经贸窗口,也是全国首家海外商城。几年来,商城带来的社会效益显而易见:试营业时从国内招商过去的首批经营

---

① 浙江非国有经济年鉴 2002[EB/OL]. (2016-03-03)[2020-10-01],http://www.tjcn.org/tjnj/112j/30876.html.

户 120 多人，当时大多已经开办了进出口公司，独立经营，在巴西立稳了脚跟；同时，在当地商城的影响和带动下，越来越多的南美华侨开始尝试与国内企业开展进出口业务。1999 年浙江又先后在俄罗斯、南非、尼日利亚、匈牙利等国家投资兴建海外商城。这是一个快速发展时期，根据资料显示，2001 年全省就有 100 万人在国外赚外国人的钱，累计创办各类产销组织达 700 多个。

（2）温州情况

温州民营企业走在全省前列。1998 年温州民营企业在巴西创建浙江省首家海外商城——巴西中华商城。根据不完全统计，1998—2002 年温州先后在喀麦隆、俄罗斯、荷兰、阿联酋、美国、蒙古等国建立 7 个海外中国商城（见表 4-1）。2003 年温州又新建海外商城 3 家，海外商城带来 2.63 亿美元的出口，其中阿联酋的一个商城就带动温州产品出口 1 亿美元以上（万小军，2004）；2004 年建立海外中国商城 3 家，带动国内商品出口 5.2 亿美元（厉蓓蕾和杨德目，2005）。至 2009 年共有海外 17 个正常运行的"温籍"商城，带动更多温州轻工产品"走出去"。从实践来看，建设海外商城不失为一种行之有效的方法，也是温州民营企业"走出去"的一大特色。[①] 表 4-1 列出 1998—2002 年期间早期的七家海外商城情况。

表 4-1　1998—2002 年温州海外商城经营情况

	商城名称	营业额/万美元	经营户/家	成立年份
1	巴西中华商城	4869	136	1998
2	阿联酋中国商城	3603	139	2000
3	迪拜中国商城	402	68	2002
4	喀麦隆中国商城	1310	20	2001
5	驻俄罗斯莫斯科贸易小组	2275	14	2001
6	荷兰中国城	1700	—	2001
7	蒙古乌兰巴托正品商场	在建	—	2002
	合计	14159	—	—

资料来源：商界新闻［N］.温州商报，2003-01-16（05）.

[①]　在由新华社《参考消息》《国际先驱导报》和新华社世界问题研究中心共同主办的首届"参考消息先驱论坛"上（2003 年 9 月 26 日至 27 日），温州市政府副秘书长厉秀珍作为唯一受邀的地方政府官员，在论坛上做了"创办海外中国商城，推进民营企业走向国际市场"的主题演讲，介绍了温州企业的经验。

（3）发展趋势

设立产业代表处。考虑到产业集群集体品牌等优势,温州市 2010 年启动海外温商营销网络建设试点工作,到 2012 年温州十大出口类产品都要在相应的重点市场地区建立各种形式的海外营销网点,重点推进服装、鞋类、低压电器、汽摩零部件等十大海外布点的出口产品。例如温州服装业贸易代表处建在了意大利马尔凯大区、罗马等,温州鞋业与意大利签署了设立贸易代表处的协议,这些营销试点促成温州鞋服行业与意大利同行签订了 12 项合作、采购项目。由此,因多处设立产业代表处,有形商城有所萎缩。

从绿地投资到并购。原先海外商城建设一般采用绿地投资即新建方式,后来发展并购方式。例如,2010 年,乐清市柳市镇三家民企联合出资,整体收购法国泰乐玛(Telma)股份有限公司的全部股权,获得了泰乐玛的品牌和销售网络等;此外,2015 年温州服装企业森马收购韩国知名电商,构建了海外电商平台。

(二)创建海外商城的影响因素分析

1.区域政策优势

浙江省立足制造业、专业市场的优势,1998 年就提出了"两个推动"战略,这是从浙江经济结构的实际出发,提出的最具浙江特色的举措之一,带动了海外商城兴起。这个举措比起 2000 年初国家提出实施"走出去"战略还早一些。国家推行"走出去"战略,积极鼓励和支持有条件的各类所有制企业"走出去",开展各种形式的经济合作,在全球范围内优化配置资源,开展跨国生产与经营。此外,党的十七大报告中第五章第八节着重强调"拓展对外开放广度和深度,提高开放型经济水平",并明确指出,要创新对外投资和合作方式,支持企业在研发、生产、销售等方面开展国际化经营,加快培育我国的跨国公司。浙江省为支持和鼓励企业赴海外投资,参与国际竞争和国际经济合作,规范企业到海外设立企业和机构的审批和管理,2003 年 7 月又出台了《浙江省设立海外企业与机构审批管理办法》,随即浙江省各地市政府也出台相应地方性政策。

2.国内市场经验

经过国内市场经营活动,民营企业从中或多或少积累了一定的开办市场经验,为其开办海外商城提供了条件。市场知识中的经验知识对于企业的海外经营起着关键作用。经验知识是从书本上学不到的知识,通过实践才能更好地获知。例如,哈杉鞋业一开始在国内专业市场经营自产鞋子,积累了经营经验。

2000年开始思考如何布局俄罗斯市场，2001年恰逢驻俄罗斯莫斯科贸易小组成立，借机进入俄罗斯市场，获得海外市场的"第一桶金"。其间经历十分恶劣的俄罗斯法制环境，遭遇货物多次扣查没收的曲折与惊险的事件，这些都为其积累大量的国际化经验，而后在多个国家设立营销机构，直到2004年在尼日利亚设立工厂，2004年初，当尼日利亚政府为中国男鞋实行进口禁令时，哈杉高层很快便决定在尼日利亚投资设厂（此时，很多中国男鞋销售商正纷纷撤离尼日利亚），大胆果断的投资决策，是因为哈杉有着十分丰富的国际化经验。

3. 海外浙商网络

海外浙商网络是浙江独特优势，为海外商城发展提供了外部条件。从历史的角度看，浙江很早就出现提倡"功利""重商"的思想。因此，浙江商人海外经商历史十分悠久，并已形成拥有丰富社会资本的海外浙商网络。目前全省就有100多万人在国外，累计创办各类产销组织达1000多个。以温州为例，早在2002年底，海外温州人和港澳温籍同胞总人数已接近40万，其中30万人是在改革开放之后走出国门的，分布在世界五大洲87个国家和地区，经过多年的海外发展，他们拥有大量的社会资源，由此编织了庞大的海外温商网，最初是通过海外订单带动本土产品出口，而后发展到参与到海外商城建设、海外投资、跨国以及地区间交流合作等更高层次的国际化行动中。尤其是海外商城建设，其投资及主体运作主要是海外华人或中资企业，他们既了解当地的市场行情，也知道如何与当地政府打交道，更容易获得当地政府的支持，有利于日后商城的正常运行。

4. 产业集群优势

海外商城以富有区域特色的产业集群为依托，并与当地的特色产业形成互动发展。根据资料统计，2001年浙江年产值10亿元到50亿元的产业集群91个，50亿元到100亿元的13个，年产值100亿元以上的4个。（李永刚，2001）这些产业集群都为专业市场的形成、发展与提升提供了坚实的产业基础。海外商城行业分布以传统优势产业为主，行业范围较为广泛，从最初的批发零售、纺织服装加工业，逐步拓展到电子、机械等行业，这些产业都是浙江省传统优势产业，从而将产业集群优势带到海外。

5. 企业家精神

在经历了专业市场的国内经营后，浙江民营企业开始逐渐进入国际市场，而这一阶段的成功演变则应归功于企业家精神。浙江属于企业家人力资本丰裕型地区，民营企业家的"自强不息、坚韧不拔、勇于创新、讲求实效"已经形成了独特的"浙江精神"。尤其是，民营企业家具有敢于创新、有时候甚至被称为冒险的精神。这种精神使他们较早地萌发国际化意识并敢于创新"走出去"方式。温州成立了全国首家海外商城——巴西中华商城，国内投资主体为温州市瑞安商城，利用了瑞安人在巴西营销网络，将瑞安商城的经营模式搬到巴西圣保罗，创建了全国首家。此外，温州哈杉鞋业董事长王建平进入俄罗斯的过程可以说十分曲折与惊险：货物曾多次经历扣查没收、管理人员遭到人身安全威胁等，这些都没有使王建平却步，最终成功进入俄罗斯市场，在俄罗斯商城立住脚，获得海外"第一桶金"。

（三）海外商城建设效应

1. 民营企业海外投资效应的机理分析

赵伟和江东（2010）研究认为，国有企业的 ODI 地域及产业分布带有浓厚的政策导向与政府参与色彩，而民营企业的这种情形会弱一些。基于以上观点，在分析我国企业对外投资效应，有必要对不同性质的企业进行区分。本书重点在于分析民营企业对外投资效应，因此暂时略去国有企业。民营企业对外投资是企业行为，投资决策由企业内部决定，更体现了市场经济的客观要求。纵观民营企业对外投资实践，将其投资区位分为发展中国家与发达国家，不同区位选择是首先基于不同动因，而后产生不同效应。

第一类是向发展中国家与地区投资。早期投资基本以这类为主，基于开拓国际市场与寻求效率最大化两种动因，即市场导向型与效率导向型对外投资。一是带动对外贸易；企业以扩大海外市场为动因，通过创建海外营销网络及海外商城，达到带动本地区乃至周边的对外贸易与占领海外市场目的。二是带动产业转移；由于受本国生产要素限制、资源稀缺等因素，导致企业在本国生产成本急剧提高，为寻求更好的发展空间，通过绿地投资设立海外生产基地等方式，将生产环节转移海外，达到产业转移的目的。

第二类是向发达国家与地区投资。中后期投资尤其是最近几年的投资呈现这种趋势。企业以寻求技术与管理提升为导向，通过设立研发中心、并购当地企业等途径，从而获取技术并逆向反馈本国企业，提高产品技术含量及提升质量，最终达到产业升级（尤其是产业内）的目的。

梳理以上关系,可以归纳为如图 4-10 所示的框架结构。

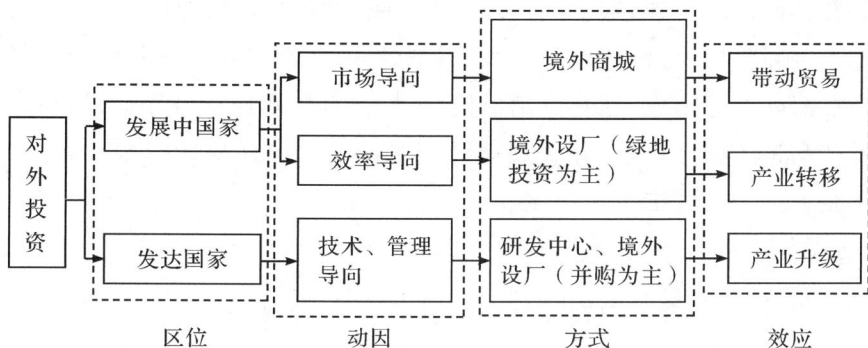

图 4-1　民营企业对外投资效应机理

2.投资效应的微观表现

(1)带动出口贸易

商品城带动国内产品出口的作用非常明显。海外商城作为国内商品的海外批发零售集散地,极大限度地发挥带动出口订单的作用。根据不完全统计,1998—2002 年温州先后在喀麦隆、俄罗斯、荷兰、阿联酋、美国、蒙古等国建立了 7 个海外中国商城,共有 300 多家民营企业进场经营,这些海外市场带动出口 1.42 亿美元。[①] 2008 年约 400 多家温州企业(不包括个人)入驻各类商城,2008 年 1—10 月,商城共带动温州国内商品出口 4.6 亿美元。

(2)"倒逼"企业加大研发以适应市场

以上市场导向的海外商城,无疑给经营企业带来对外贸易的增加,同时也发现与国际同类产品的差距。为改变这种状况,企业通过对产品加大研发与推出高端品牌等,进而实现企业的流程升级与产品提升。例如康奈鞋业,经过多年的接触与了解,2004 年 9 月,康奈加入国际鞋业论证机构 SATRA(Shoes and Allied Traders Research Association,简称 SATRA)。在 SATRA 的技术服务下,康奈投资 1000 万元在国内建立鞋类研发中心,研发世界最新鞋类技术、工艺、环保标准等,带来生产流程升级,进而不断提升产品向高端品质转变。

(3)价值链延伸

浙江民营企业多年处于在价值链的中游(生产环节)并积累了大量优势,形

[①]　商界新闻[N].温州商报,2003-01-16(05).

成"低价格、大销量"的外贸盈利模式。进入国际市场后,浙江民营企业开始着手海外营销网络的构建,实现从产品出口到创建海外商城的演变,使产品更快捷地进入国际市场,将价值链向前端、后端延伸,从而提高产品附加值。民营企业率先在海外办起商城、创建营销机构,更快更直接地捕捉海外商机,有力地带动本土产品进入国际市场,并收集海外市场需求动向并反馈给本土企业,促进了本土企业的研发并推出新产品。

(四)小结

通过以上分析,海外商城处于特定历史时期、企业国际化的特定阶段,介于出口贸易与海外设立工厂的中间环节,属于海外投资的一种方式,定位于市场导向。根据浙江的实践,海外商城对产品输出起到较大作用,并带动了产业链延伸,提高了产品附加值。但是,通过研究发现,传统意义上海外商城发展面临瓶颈并已经出现萎缩,取而代之的无形商城、营销网络,或升级转型为海外经贸合作区(商贸物流园)将成为选择。其发展趋势演变及其原因,由于篇幅关系,仍有待于进一步分析。

二、海外华人产业集群:以佛罗伦萨温商皮具产业集群为例

如前文所述,海外华人产业集群属于一种"先走后聚"的集聚模式,即个人(自然人)"走出去",先在当地打工,资本积累到一定程度,在当地创业,进入门槛较低但具有特色的产业,依赖社会网络、市场因素等,逐渐形成产业集群。海外华人数量众多,一个显著特点是在行业上高度集中,容易在一个区域形成产业集群,大量的小华商遍布世界。关于海外华人产业集群的研究文献较多,报告第一章已经详述过。但目前,对海外华人产业集群的研究尚存在空白。那么,海外华人产业集群是如何形成的?它的形成机理是否同其他集群一致?是否存在发展瓶颈?这是本节研究将要探讨的问题。

为进一步有效开展研究,本书选取了佛罗伦萨温商皮具产业集群。它是众多集群中的典型。意大利的佛罗伦萨是全欧洲的皮包生产中心,其中几乎所有的中低端皮包产自这里的温州人企业。据估计,佛罗伦萨华人超过1万人,其中绝大部分为温州人。从20世纪80年代开始,他们便通过各种渠道移民意大利。经过多年打拼,他们已在当地立足生存,多数人拥有自己的企业(下文中,

笔者将这些温州企业的企业主简称为温商），成为当地低端皮具产业集群内的主力军。在佛罗伦萨奥斯马诺罗（Osmannoro）地区，集聚着 1000 多家温州人所经营的微型皮包生产企业，而意大利人的这类企业已经寥寥无几。可见，在佛罗伦萨已形成一个以海外华人（温州人）为主体的产业集群。这无疑是一个比较特殊的集群。

王春光（1999）通过对移居法国巴黎的温州人的调研后认为，温州人主要是凭着吃苦耐劳的精神和乡土性社会关系资源，融入当地社会。在总人口约 22 万人的意大利普拉托省，温州籍华侨华人有近 3 万人。这些人的生存发展得益于先期到达该地区的中国移民艰苦创业所凝聚起来的移民经济资源和社会网络。可见，华人要在海外立足发展，必定更依赖于华人在当地形成的社会网络。因此，以社会网络为研究视角来探讨海外华人产业集群的形成机理，将是较好的可行的视角。

（一）佛罗伦萨温商皮具产业集群发展历程

意大利的佛罗伦萨市是欧洲皮革皮具生产中心，不仅是 Gucci、Prada、Chanel、Celine、Miumiu 等诸多全球一线品牌皮包的生产基地，而且是整个欧洲中低端皮包市场的供应源头。目前，佛罗伦萨已形成成熟的皮具产业集群。

据 20 世纪 70 年代初期到此的一位温州人回忆，当时在佛罗伦萨的温州人不足 200 人。在佛罗伦萨附近的圣多尼诺（San Donnino），有几十家意大利人经营的家庭作坊式制包企业。温州人便从这些企业进货，在市中心开店零售皮包。而后，温州人模仿这些意大利传统皮包家庭作坊，开始涉足皮包生产。据悉，1983 年，仅有 6 家温商经营的制包企业，到 1990 年则达到 400 多家。这些企业均分布在圣多尼诺地区。温州移民数量伴随着温商企业数量的增加而增加，以致当地 6000 人中，温州人占了一半。与此同时，当地的意大利人认为华人破坏了他们原本宁静的生活，抢走了他们的工作，开始出现一些反华事件。因此，1994—1995 年，温商皮包企业陆续从圣多尼诺搬到了现在的奥斯马诺罗地区。目前，奥斯马诺罗地区集聚着 1000 多家温州人经营的微型皮包自主生产企业，而目前意大利人经营的这类企业已寥寥无几。这些自主生产型企业，都是以家庭为单位组织生产。每户企业的占地面积在 30～100 平方米，企业主加上员工（包括企业主妻子）的总人数均在 2～9 人，规模上属于微型企业。他们的客户为欧洲中低档皮包市场的批发商或零售商。在佛罗伦萨附近还分散着诸多为意大利品牌皮包企业代工的温商企业,这些企业规模稍大一些,工人多的则达到60余人。

佛罗伦萨的皮具产业集群属于基于低成本的集群(low-cost-based assembly),而不是基于创新的集群(innovation-based assembly)。这类集群参与竞争的基础就是低成本。从问卷数据来看,这些温商和工人们长期处于高负荷的工作状态。如图4-2所示,6.5%的人一周7天都在工作,64.5%的人一周工作6.5天,27.4%的人则工作6天。他们每天工作的时间也很长,86.7%的温商回答他们每天工作至少12个小时,见图4-3。而意大利企业则是严格遵守一周5天、一天8小时工作制。虽然这些企业里的工人平均工资要高于当地意大利工人,但如果考虑到工作时间的因素,那么温州工人每小时的平均工资是低于意大利人的。因此,温商企业正是靠着低成本的劳动力在集群内获得竞争优势。

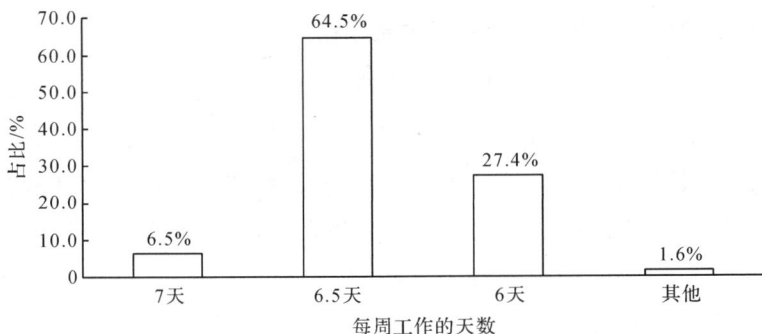

图 4-2　温商企业每周工作的天数

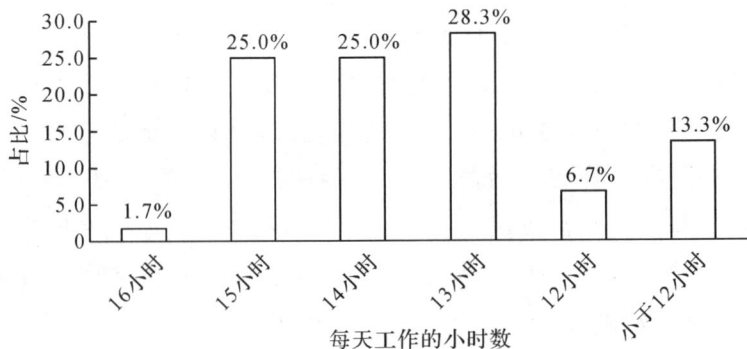

图 4-3　温商企业一天工作的小时数

资料来源:笔者根据访谈资料整理。

(二)实证研究:以佛罗伦萨温商皮具产业集群的形成为例

1.研究方法

本研究目的就是通过对社会网络形成和发展的研究来探究佛罗伦萨华人产业集群的形成机理。

首先是调查对象的选择。笔者以佛罗伦萨自主皮包生产型企业的温商作为本次调研的主要对象。原因有三:(1)皮包行业是佛罗伦萨的主导行业,并形成产业集群。(2)在这个皮包产业集群中,存在着数量众多的微型自主皮包生产型企业,且基本上都是温商企业,这些企业集中在奥斯马诺罗地区,便于抽样调查。(3)皮包企业是温商在佛罗伦萨立足的基础。绝大多数温州人在佛罗伦萨创业都是从创办微型皮包自主生产企业开始的,而后才转向代工企业或批发销售行业。从访谈中得知,一些温州人在经营酒吧、服装店等失利后,又转向自主皮包生产型企业才扭亏为盈。

其次是调查方法的确定。本次调研主要采用问卷调查。调研分为两个阶段。第一个阶段主要是调研温商企业的经营情况,以了解整个集群。这个阶段主要采用问卷调查法。但由于缺乏官方关于温商企业数量及分布的数据,无法采用严格的问卷抽样调查方法。又由于在初期调研中,笔者发现这类企业中每家情况非常相似,所以采用整群抽样法,抽取两栋厂房,挨家挨户对里面的企业进行问卷调查。样本数量计算是根据 $n=\dfrac{p(1-p)Z^2}{e^2}$ 计算,大约抽样 65 家。最后,笔者总共走访了 200 多家企业,得到 67 份问卷。样本分布见表 4-2 所示(实际调研中,因部分温商拒绝受访,故走访了多栋厂房)。第二阶段主要针对温商在佛罗伦萨的社会网络。笔者除了采用问卷调查法外,还运用个案访谈法,即利用个案访谈法了解被调查者的创业过程及他们在佛罗伦萨的社会关系。调查样本则是从第一阶段调研中接受调研的温商中随机挑选,并挑选了几位该产业集群的上游皮料供应商和下游批发商,共得到 23 个样本。

表 4-2　样本分布

自主生产型企业地址	企业数量/家	受访企业数量/家
Via M...	30	6
Via de' C...	100	50

（续表）

自主生产型企业地址	企业数量/家	受访企业数量/家
Via S…	26	8
Via SV…	32	1
Via GV…	39	2
总计	212	67

资料来源：笔者根据访谈资料整理。

2.佛罗伦萨温商社会网络的形成与发展对当地产业集群形成的作用

(1)温商社会网络孕育潜在的产业进入者

从客观上看,这些新来的温州移民为当地皮具产业集群提供了廉价劳动力,从而为温商企业获得竞争优势。因为温商企业恶劣的工作条件是无法吸引当地的意大利人来工作的,所以这些温商企业只能也必须依靠雇佣后来的温州移民来降低生产成本。韦伯在《工业区位论》里演绎发现了两种一般的成本区域因素:运输成本和劳动成本。劳动成本是该集群形成的一个重要原因。限于篇幅,这里不展开讨论。

从主观上看,这些移民具有两个明显特征。首先,他们如果是成年后出国,则具有非常强烈而明确的出国目的——赚钱。为了实现这个目的,他们千方百计来到工资水平相对要高很多的意大利。他们当中除了少部分人是通过家庭团聚签证出国,大部分人则是在佛罗伦萨亲朋好友的帮忙和牵线下,通过劳工签证、非法滞留或者偷渡来到意大利。其次,他们没有一技之长,也不会意大利语,到意大利后除了在温商制包企业里做包,基本找不到其他工作。在佛罗伦萨的温商普遍学历层次比较低。接受调研的温商及其配偶(其中部分人拒绝透露学历,回答此问题的共有 117 位),大部分为初中或小学学历,其中,小学学历的占 27.9%,初中学历的占 61.3%。他们出国前在国内大多没有正式工作,尤其是妇女,出国前基本都是在家做家务,他们大部分人不具备特定的工作技能。因此,来到佛罗伦萨后,他们是不可能到意大利人的企业里去工作的,而只能通过在佛罗伦萨的社会网络关系,在亲戚、朋友或老乡的厂里做包。

皮具产业的技术含量恰恰比较低,这些后来的移民只要肯吃苦耐劳,都能胜任这份工作。虽然他们来意大利前没有做过包,但他们能很快适应这份工作,先从简单的剪线头、装拉锁做起,然后裁皮料、踩缝纫机。因此,经过一段时间的工作,他们不仅能掌握做包的基本流程和技术,还能了解如何开办一家做包工厂,并结识一些客户。对于他们来说,在温商企业里打工只是一个过渡时期,如果条件具备,就会择机自行创业。

　　可见,在佛罗伦萨的华人社会网络帮助新移民来到这里,并吸引他们在温商皮包企业里工作。这些移民在工作中获得了产业知识和技能,积累了产业经验,为日后的复制型创业打下基础。因此,在佛罗伦萨的华人社会网络孕育了这个产业的潜在创业者。

　　(2)温商社会网络帮助进入当地产业集群

　　通过劳工签证、偷渡等方式到意大利的温州移民,大多数会因此而背负一笔巨债。他们到意大利后,需要少则一年多则三年的辛苦工作才能还清这笔费用。然而,他们却能在短短时间内创办自己的企业。如图 4-4 所示,通过对 23个样本的统计显示,大多数温商在到意大利后的两年至五年内自主办厂做包。样本 20 和 21 的创业年份与到意大利年份相差了十年以上,是因为他们到意大利时才十多岁。

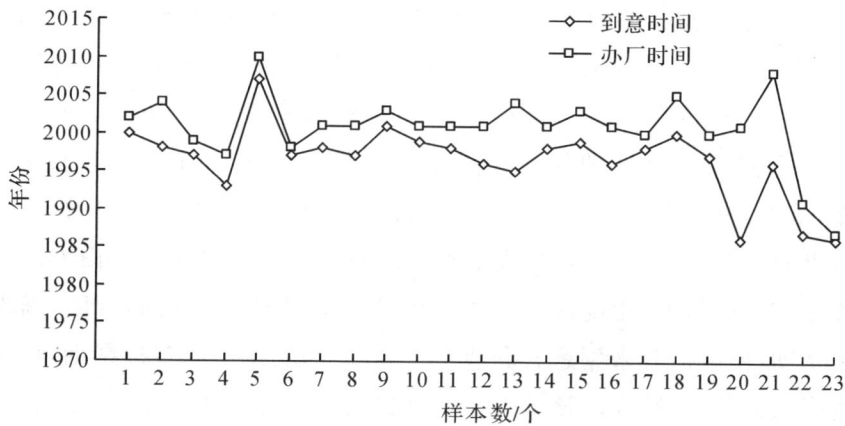

图 4-4　温商到意大利时间与创业时间的对照

资料来源:笔者根据访谈资料整理。

　　温州移民之所以能够在较短的时间内自行创业进入皮包产业集群,主要是因为在佛罗伦萨社会关系网络为他们创业提供了生存和发展的重要资源。首先,社会网络有助于创业机会的识别。Rafael(2010)等分析从西班牙收集的数据后认为,创业者通过参与社会网络接触到外部知识,对识别新的商业机会非常重要。由前面的分析可知,社会网络提供产业经验,也就帮助他们识别创业机会。其次,社会网络提供创业所需的资金。对于新创企业来说,通过银行贷款等正式网络联系获得资金比较困难,创业者与亲戚、朋友以及家庭成员之间的非正式的网络联系是新创企业融资的主要渠道。在社会网络中,家庭是体现责任和信任的小单位,家庭内的借款是新创企业启动资金的主要来源。家庭的优势就在于降低了交易成本。Chand & Ghorbani(2011)认为,当移民寻求创业启动资本时,家庭是他们的首选。第一阶段中接受访谈的 67 家企业的温商中,仅两位表示曾获得过意大利银行的贷款,其余都表示如果在经营过程中需要资金,他们更倾向于向这里的亲朋好友借钱。因为大部分人的意大利语水平都低,只会说一点点,不了解银行的贷款政策,也不知该如何向银行递交贷款申请。

此外,这个社会网络对温商的创业还有诸多好处。比如,企业刚创办时,往往会缺少客户。批发或零售皮包生意的亲朋好友往往会优先给这些企业带来订单。或者某工厂被警察查封后,温商们则借用其他亲朋好友的厂房继续工作。

图 4-5 是根据第二阶段针对温商社会网络的调研结果,利用 UCINET 6.216 软件绘制而成。节点 1～23 分别为 23 位受访温商的编号,由于节点 6、8 和 16 认为自己在此创业主要靠自己,而节点 21 和 23 拒绝透露其社会网络关系,因此图 4-5 中没有标注出这五个节点,只标出了 18 个受访温商的节点。在图 4-5 中,节点标号带 R 的代表相同数字节点的亲戚,如节点 2-R 代表节点 2 的亲戚,节点 1-2-R 则代表节点 1 和 2 共同的亲戚;节点标号带 F 的代表相同数字节点的朋友,如节点 7-F 代表节点 7 的朋友。点折线表示温商办厂时所得到的资金方面的帮助,粗虚线表示办厂时所得到的技术方面的帮助,细虚线表示其他帮助,如帮助其来到意大利或给予订单等,实线表示多种帮助,这些线的箭头所指向的节点,则表示该节点是受帮助的一方。例如节点 7,在其大哥,即节点 7-R1 的帮助下其来到意大利,在 7-R1 的皮包厂里打工。这期间节点 7 积累了产业经验,并得到节点 7-R1 的帮助创办自己的厂子。节点 7-R1 为节点 7 的创业提供了资金、技术方面等多项支持(后节点 7-R1 到西西里岛做批发生意,因此在图中标注为灰色的三角形)。节点 7 创业期间,还得到亲戚 7-R2 的资金支持、7-R3 的资金支持和技术指导;节点 7-F 出于朋友间的照顾,在节点 7 办厂初期给予其很多订单。(图中没有看到粗虚线,主要是受访温商的亲朋好友

在提供技术支持的同时,也往往提供了资金帮助,因此图中显示为实线。)

可见,佛罗伦萨温商社会网络通过提供资金、知识等资源帮助新创企业进入该产业集群,并提高他们的存活率。

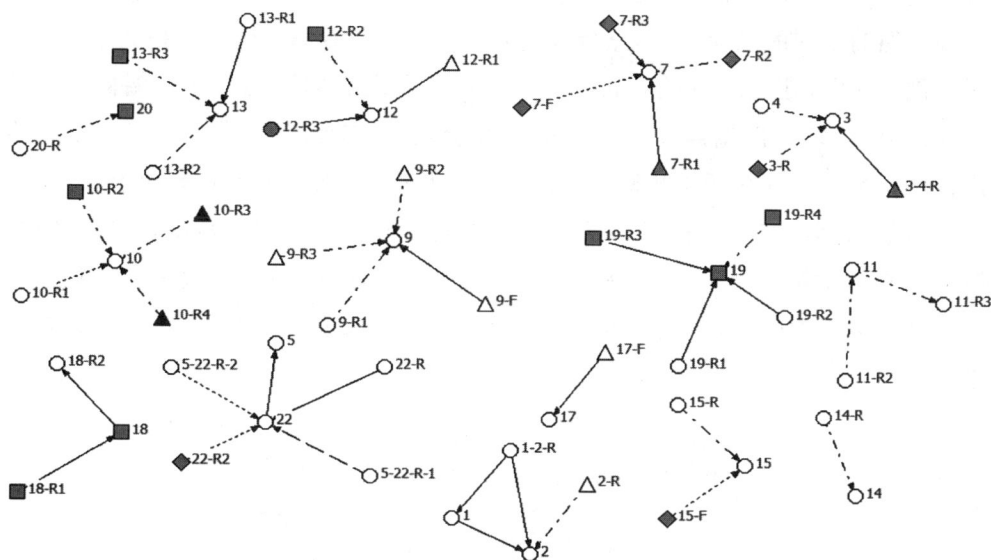

图 4-5 佛罗伦萨温商社会网络对创办企业的作用

白色:制包企业　　　　　　　圆形:在佛罗伦萨(除Metro外)

灰色:批发商　　　　　　　　正方形:Metro(佛罗伦萨的一个大型批发区域)

黑色:其他生意　　　　　　　三角形:意大利(除佛罗伦萨)

　　　　　　　　　　　　　　菱形:欧洲(除意大利)

资料来源:笔者根据访谈资料整理。

3. 佛罗伦萨温商社会网络构成产业集群内网络组织部分的核心

随着社会网络的逐渐壮大,集群内的温商企业数目也在迅速增加,产业集群规模逐渐扩大。与此同时,该皮具产业集群的上下游产业链得到完善,从而形成当地华人产业集群。

图 4-6 是根据第二阶段的调研结果绘制的集群内的网络组织图。根据产业链上的关系,图 4-6 中的节点是这么来安排,温商企业的上游供应商,即皮料供应商节点放置在图中央,节点 21、23 和 24 是温商皮料批发商,节点 Santa Croce、Prato、Vicenza 和 Padova 是表示这些地区的意大利皮料批发商(因为受

访温商无法提供具体的意大利企业名称,因此用地名节点表示与这些温商有交易往来的所有意大利批发商);温商的下游客户,即批发商客户,在这个网络的最外围位置,图中节点标号带 C 的代表相同数字节点的温商企业的下游客户,这些客户遍布欧洲各国,有些便是他们的亲戚朋友。在图 4-6 中,粗虚线表示皮料供应商与温商之间的供应关系,点折线则表示批发商与温商之间的客户关系。

图 4-6 中,处在皮料供应商节点和客户节点之间的则是各受访温商节点及其亲朋好友节点,即温商在佛罗伦萨的社会网络,各节点所代表的意思及节点之间的关系与图 4-6 所示相同。只是在图 4-6 中,增加了节点 6、8 和 16,因为这三个节点与其他节点有供求关系。而受访温商节点 19 和 20 是皮鞋批发商(皮鞋基本来自中国内地),与图中的皮料供应商没有联系,因此在图 4-6 中去除。

从图 4-6 中可见,中间部分的温商社会网络构成了集群网络组织的核心部分。

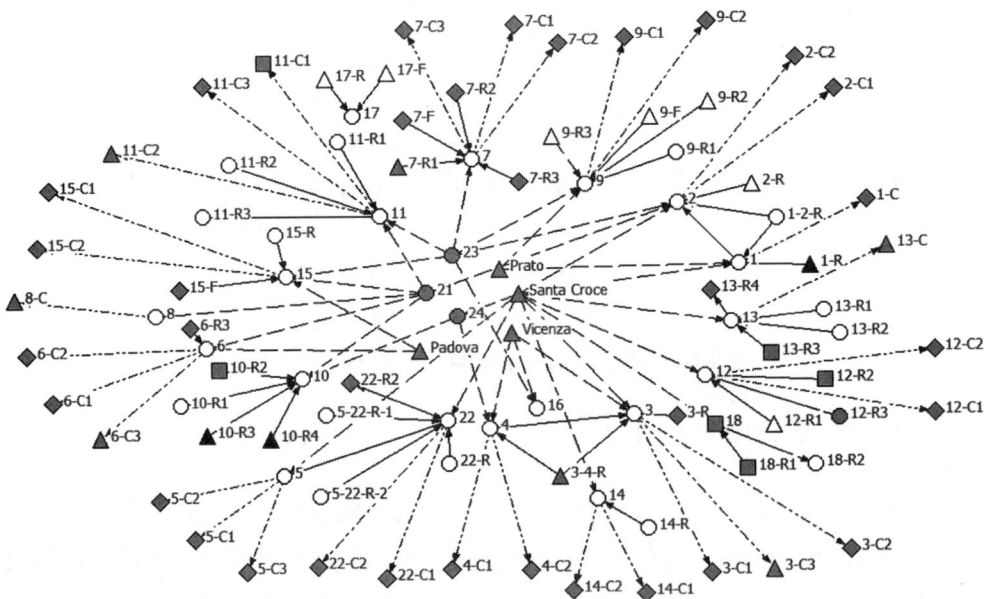

白色:制包企业　　　　　　　圆形:在佛罗伦萨(除Metro外)
灰色:批发商　　　　　　　　正方形:Metro(佛罗伦萨的一个大型批发区域)
黑色:其他生意　　　　　　　三角形:意大利(除佛罗伦萨)
　　　　　　　　　　　　　　菱形:欧洲(除意大利)

图 4-6　集群内的网络组织

（三）小　结

综上所述，笔者以佛罗伦萨华人皮具产业集群为研究对象，从社会网络视角探讨了海外华人产业集群的形成机理。在产业集群的发展初期，在佛罗伦萨的温商社会网络为该集群吸引了大量劳动力，同时培育这些劳动力成为新的产业进入者。新的产业进入者在社会网络所提供的资源和帮助下不断地进入该集群，从而保持了该集群的迅速发展和旺盛生命力。随着产业集群的成熟，其在佛罗伦萨温州商会网络继续壮大，成为产业集群内网络组织部分的核心。学者们对于产业集群的研究颇为成熟，但针对海外华人产业集群的研究尚存在空白。从微观来看，不同的集群其形成机理存在差异性。因此对于海外华人产业集群的研究能够完善现有的集群理论。

从佛罗伦萨华人皮包产业集群的形成分析来看，社会网络的发展在其中起到了关键作用。因此，本研究以社会网络为视角考察海外华人产业集群的形成具有一定的实际意义。然而影响产业集群形成和发展的外在因素甚多，还包括区域位置、历史因素、政策导向等。此外，产业集群低端锁定也体现在生产自主性企业。大多属于劳动密集型的微型企业，受外界经济、政策等因素的影响较大。世界性金融危机对这些温商的影响是不可忽视的，不少温商表示这几年的订单数量不如从前。人民币对欧元的升值，减弱了欧洲工资对国内人们的吸引力，使得温商的社交关系网络为企业提供劳动力的功能开始减弱。温商认为他们经常受到意大利政府的打压。生活质量、社会活动参与度及安全问题在不同程度上影响了温商的对意归属感。因此，诸如此类问题的研究还有待进一步深入探索。

第五章　中国民营企业集群式海外投资模式:海外经贸合作区

　　如前文所述,海外经贸合作区是民营企业集群式海外投资最重要的载体,也是最具代表性的模式。自2006年以来,各个层次的具有合作区特征的项目众多,但2016年仅有20个合作区被商务部核定为国家级合作区。这些合作区建设历史较长而且较为成熟,本章以该批20个国家级合作区为重点研究对象,对区位分布、产业分布、园区演变、运行机理、投资效应及政治风险等进行分析,为下一步如何推进合作区建设提供政策参考。

　　我国海外经贸合作区如何成为民营企业集群式海外投资的重要平台,经历了多个重要时间节点。20世纪90年代以来,我国民营企业就积极探索建设海外园区,为后续我国海外经外贸合作区的建设打下了坚实的基础。2005年,我国商务部提出建立海外经贸合作园区,积极实施多项对外投资合作措施,并推出了多项政策措施,鼓励企业积极投入到海外经贸合作区建设当中。在一系列政策的推动下,2006年首批国家级海外经贸合作区通过中标并得到确认。2012年全国商务工作会议明确指出,落实重点项目,创新海外经贸合作区发展模式,完善支持政策和管理架构,引导更多企业集群式“走出去”。此次会议创新性地将海外经贸合作区与集群式“走出去”联系在一起,蕴含着合作区发展将从量的发展到质的提升。2013年,我国在“一带一路”倡议下积极推进与周边国家的互联互通,加快海外经贸合作区的建设与发展步伐,使其在“一带一路”布局中发挥节点和引领作用。2015年我国推行了海外经贸合作区“创新工程”,新的一批高质量的海外园区得到确认。截至2016年5月,我国20个海外园区通过国家级审核与确认。

　　根据2018年中国对外投资发展报告数据显示,截至2017年底,中国企业共在44个国家建设初具规模的海外经贸合作区99家,累计投资307亿美元,入区企业 4364 家，上缴东道国税费 24.2 亿美元，为当地创造就业岗位 25.8 万个，其中，2017 年新增投资 57.9 亿美元，创造产值 186.9 亿美元。

一、区位分布："一带一路"沿线国家

（一）区位分布情况

笔者考察 20 个国家级合作区，经统计，东南亚有 7 家、独联体（俄罗斯等）4 家、非洲 4 家、中东欧 2 家、中亚 2 家、南亚 1 家。如果将非洲的埃塞俄比亚、尼日利亚、赞比亚都归到"一带一路"非洲的"延伸版"，那么 20 个合作区均处于"一带一路"沿线国家（见表 5-1 和表 5-2）。这种分布充分表明，我国经贸合作区基本上分布于与我国有良好政治经济关系或地缘关系的发展中国家，尚未进入经济发展水平较高的西欧和北美等发达地区，这与我国"一带一路"沿线所包含的国家分布特征极为相似，也在一定程度上为我国"一带一路"倡议提供了有力支撑，使得"一带一路"倡议能够快速推进。

表 5-1　国家级海外经贸合作区区位分布（2016 年核定）

序号	合作区名称	国别	所在区域
1	柬埔寨西哈努克港经济特区	柬埔寨	东南亚
2	泰国泰中罗勇工业园	泰国	东南亚
3	越南龙江工业园	越南	东南亚
4	巴基斯坦海尔—鲁巴经济区	巴基斯坦	南亚
5	赞比亚中国经济贸易合作区	赞比亚	非洲
6	埃及苏伊士经贸合作区	埃及	非洲
7	尼日利亚莱基自由贸易区（中尼经贸合作区）	尼日利亚	非洲
8	俄罗斯乌苏里斯克经贸合作区	俄罗斯	独联体
9	俄罗斯中俄托木斯克木材工贸合作区	俄罗斯	独联体
10	埃塞俄比亚东方工业园	埃塞俄比亚	非洲
11	中俄（滨海边疆区）农业产业合作区	俄罗斯	独联体
12	俄罗斯龙跃林业经贸合作区	俄罗斯	独联体

（续表）

序号	合作区名称	国别	所在区域
13	匈牙利中欧商贸物流园	匈牙利	中东欧
14	吉尔吉斯斯坦亚洲之星农业产业合作区	吉尔吉斯斯坦	中亚
15	老挝万象赛色塔综合开发区	老挝	东南亚
16	乌兹别克斯坦鹏盛工业园	乌兹别克斯坦	中亚
17	中匈宝思德经贸合作区	匈牙利	中东欧
18	中国·印尼经贸合作区	印度尼西亚	东南亚
19	中国印尼综合产业园区青山园区	印度尼西亚	东南亚
20	中国·印度尼西亚聚龙农业产业合作区	印度尼西亚	东南亚

资料来源：根据商务部网站和各合作区网站资料整理。

表 5-2　"一带一路"沿线海外经贸合作区分布情况

区域分布	数量/个	名称
东南亚	7	泰中罗勇工业园 越南龙江工业园 老挝万象赛色塔综合开发区 柬埔寨西哈努克港经济特区 中国印度尼西亚经贸合作区 中国印尼综合产业园区青山园区 中国印度尼西亚聚龙农业产业合作区
南亚	1	巴基斯坦海尔鲁巴经济区
俄罗斯	4	俄罗斯乌苏里斯克经贸合作区 中俄托木斯克木材工贸合作区 俄罗斯龙跃林业经贸合作区 中俄农业产业合作区
中东欧	2	匈牙利中欧商贸物流合作园区 中匈宝思德经贸合作区
中亚	2	乌兹别克斯坦鹏盛工业园 吉尔吉斯斯坦亚洲之星农业产业合作区
非洲	4	埃及苏伊士经贸合作区 赞比亚中国经贸合作区 尼日利亚莱基自由区 埃塞俄比亚东方工业园
合计	20	

资料来源：根据商务部网站和各合作区网站资料整理。

（二）影响区位分布的因素

1.稳定友好的两国关系

稳定友好的两国关系有利于经贸合作区的建立，如东道国政局稳定，对华关系友好，并已与我国签署合作和投资等相关的政府间协议。我国与经贸合作区建立的国家都有着历史较为悠久的友好关系，并且在 20 世纪 90 年代以及 21 世纪初期都签署了双边投资协定。具体到某个园区建设，都需要双方政府推动与支持。例如，第一批海外经贸合作区的"俄罗斯乌苏里斯克经济贸易合作区"，其发展历程伴随着两国政府的推动。中俄两国共同签署了《中华人民共和国和俄罗斯联邦关于 21 世纪国际秩序的联合声明》，保障了两国战略伙伴关系法律基础更加牢固、合作机制更加健全和共同利益更加广泛，是两国对外政策的优先方向，双方政治互信上升到新的水平，各领域合作不断扩大和深化，两国战略协作伙伴关系进入前所未有的新发展阶段，经贸往来进入密切合作的新时期。

2.容易获得的生产要素

经贸合作区的顺利建立还要考虑在东道国能否顺利取得那些进行专业化生产所需要的生产要素。一是厂房及土地是否容易获得。我国许多沿海地区都面临工业用地紧张，企业无法拓展发展空间的问题。工业园区土地基本就可以解决这个问题。二是劳动力资源尤其重要。因为我国向外输出大多是劳动密集型产业，面临国内劳动力短缺及成本大幅提升的压力，因此，国外是否具有丰富而廉价的劳动力是首先考虑的问题。例如，在笔者的调研中，乌兹别克斯坦鹏盛工业园负责人说，2005 年温州皮革行业因其污染等问题面临整顿危机，而且当时的皮源大部分都是由内地以及西北运输过来的，为了寻找更加优质的皮源，以及进行产能转移，园区的三个股东到各地进行调研走访，从新疆到哈萨克斯坦最后转到了乌兹别克斯坦。乌兹别克斯坦是农牧业国家，农业畜牧业为主，皮源比较多，在那开始做了一个皮革厂。最后在温州市商务局以及大使馆的大力帮助下，最终建立了鹏盛工业园。乌兹别克斯坦国家劳动力年轻化，而且受教育程度高，众多的技术学校培养了大量的技能型人才，由此工资标准较低，普遍在 150～200 美元/月，含养老金。三是生产性能源，包括天然气、电力、水力等决定了生产成本。例如，乌兹别克斯坦能源丰富且价格便宜，天然气 0.25元/m³（中国 3 元/m³），工业用电 0.20 元/千瓦时，大大低于中国水平。

3.潜在的市场需求

一是东道国本身的市场需求是否旺盛。我国输出产业基本定位在轻工、建材、家电等,东道国是否需要这些产业,与东道国产业发展是否互补性,都是需要考虑的。例如,越南龙江工业园主要产业为轻工、电子、机械、建材等,轻工主要是鞋类服装等,电子类是家电等,满足当地生活必需品的要求,机械建材主要是生产建筑产品,满足当地生产、基础设施建设的需要。该园区经过10多年发展,现有入驻企业37家,分别来自中国、韩国、日本等,已经形成开放式园区。二是与东道国关联密切的一些国家与地区的市场需求。这些国家与地区是指东道国通过与他国和地区进行协议、谈判或者加入了某些组织等方式,获得相对较低成本等优惠政策进出口的一些国家和地区。三是东道国内部的市场竞争是否激烈。如果合作区所在东道国的现存或者潜在的那些竞争者、竞争能力、市场的占有率、产品的差异性等竞争状况都非常激烈,会很直接地影响到将来入驻园区的企业的生存和发展情况。

4.丰富的物质资源

如果东道国具有丰富优质的可供合作开发的林业、矿业、农业等资源,社会稳定并且投资环境优良,双方均存在开展农业合作的强烈意愿,则中国企业很愿意赴该国进行投资开发。例如,"一带一路"沿线的东南亚、独联体和中东欧区域是中国农业"走出去"的重要目标区域,而俄罗斯这个横跨欧亚大陆的资源大国及农业大国,是拥有这些条件的首选国。中俄托木斯克木材工贸合作区、中俄现代农业产业合作区就是典型例子。托木斯克园区已于2013年底在俄罗斯和中国分别获得 FSC 国际森林体系合法性认证,以规避森林经营的法律风险。

5.优越的地理位置

利用东道国有利的地理位置和环境条件,商贸氛围良好,海陆空运输十分便捷,能够有效辐射东道国及其周边国家和地区,顺利开拓贸易发展空间。例如,设立我国首家商贸物流园——中欧商贸物流合作园就是基于这样的考虑。该物流园位于匈牙利,由山东帝豪公司实施建设,2012 年获批;2014 年 6 月该园区顺利通过考核,被确认为山东省省级海外经贸合作区;2015 年 4 月,该园区被确认为国家级海外经贸合作区。园区总规划面积 0.75 平方千米,总投资额达 2.64 亿美元,目前已基本上完成了"一区三园"的规划布局。在欧洲重要的中转海港——德国第二大港不莱梅港建成的"不莱梅港物流园"，在欧洲地理中心——匈牙利首都布达佩斯建成的"切佩尔港物流园"和"中国商品交易展示中心"，开发面积达 9.87 万平方米。该合作区集商品展示、仓储、运输、集散、配送、流通加工和信息处理等功能于一体，并初步建成了覆盖中国主要城市和欧洲的便利、快捷、畅通的网络配送体系，以高效信息管理系统和现代物流配送中心为支撑的商贸物流型园区雏形逐步建立。

二、产业分布：兼具本国和东道国产业特点

（一）集群式海外投资的产业分布情况

合作区的产业项目主要分为四类：一是主要集中于机械电子、轻纺服装、建材家具汽车及配件等我国具有比较优势的行业，二是木材深加工、矿产开发等经济建设急需的能源、资源领域行业，三是农业种植及其产品加工行业，四是商贸物流等。我国传统产业出现产能过剩的问题，而东道国对制造业生产力仍有较大的市场需求，重视工业资本的引入，对我国投资建厂持欢迎态度；资源开发与农业种植产业，主要是利用我国先进技术对其进行开发与加工，而不是简单的"资源掠夺"；商贸流通园区依托优越的地理优势，高度集成多渠道资源整合交流，作为我国与东道国乃至周边市场的交易平台。由此可见，园区在产业定位时，既兼具本国和东道国产业特点，又体现与当地经济的差异性与互补性，从而弥补当地的市场空缺，避免产生直接竞争，引起当地生产者的不满或抵制。截至 2010 年底，国家级合作区投资总额 31.69 亿美元，获得开发权的土地共计132.75 平方千米，各合作区实际平整土地 16.85 平方千米；第一批（2006 年）通过确认考核的 6 个合作区于 2008—2009 年累计向当地缴纳税费 1.29 亿美元，提供就业 7577 人。[①] 根据商务部的数据，2016 年底在"一带一路"沿线国家海外经贸合作区中，平均每个园区的投资金额 3 亿多美元，每个企业的投资额大约 1700 万美元。[②]

---

① 冯兆一，在发展中国家建设中国海外经贸合作区的理论与实践[R].天津世界经济学会年会论文，2010.

② 上海社科院."一带一路"中外合作园区发展报告[EB/OL].（2017-05-14）[2018-09-01]. https://www.sohu.com/a/141728319_114731.

(二)影响产业分布的因素

1.传统优势产业

我国建立海外合作区的初衷,是想输出我国的过剩产能以及产业转移,由此,合作区的产业定位,大多是我国传统优势产业,能源、轻工、冶炼、家电、电子及建材等产业。合作区产业选择主要有两方面:一是国内供给大于需求、生产技术相对发展中国家有优势的行业,如食品加工、机械、建材、塑料等;二是出口量比较大、经常遭遇贸易摩擦的行业,如服装、纺织、鞋帽、箱包、塑料制品、文具及小家电等。例如,柬埔寨西哈努克港经济特区,创建于 2006 年,园区经营纺织服装、五金机械、轻工家电等我国传统优势产业。

2.东道国产业

结合入区企业自身情况和东道国(地区)的资源条件。这类产业主要针对资源开发与农业类园区。这类合作区主要是利用投资目标国丰富的资源,进行资源开发产业链上相关产业的投资。这种合作区的建立主要是为了弥补我国国内资源不足。产业定位集中于国内加工能力强、原材料对外依存度大的行业,如冶金、有色、建材、石化等。企业在选择这类合作区的区位时,主要考虑东道国的资源丰富程度、劳动力成本高低、与当地政府的合作密切程度等因素。例如,俄罗斯中俄托木斯克木材工贸合作区为典型园区。

3.周边市场辐射程度

合作区投资某个产业应考虑东道国及其周边国家的市场需求。利用东道国有利的地理位置和环境条件,商贸氛围良好,海陆空运输十分便捷,在商品进入东道国后,能够有效辐射东道国及其周边国家和地区,顺利开拓贸易发展空间,同时有利于与东道国开展技术合作,使我国企业创新水平得到提高,双方共同发展,最终达到互利共赢。物流园这类合作区一般集中在商贸兴旺、交通发达的国家,特别是政局稳定性较高的东南欧、东欧等地区,比较有代表性的当属中欧商贸物流合作园区。

4.核心企业关联度

考察 20 个国家级合作区,发现园区产业规划与牵头企业的主营产业关联度较大,有利于形成产业集群。以 13 个工业园为例,牵头企业的主营产业都成为该园区的第一大产业,然后逐渐引进其他相关产业,尤其是配套产业等。例如,俄罗斯乌苏里斯克经贸合作区,始建于 2006 年,牵头企业是康奈集团等,它是浙江一家大型制鞋民营企业。目前合作区已入驻国内企业 18 户,其中有宏盛达、鑫尔泰、伊斯利、诚和、金鱼王、兴特、荣光、博伟、名鸟皇、阳光、华罗、鑫尔泰新线、天马、天利、铭泰十五家鞋厂和鑫吉彩印厂、吉信木材加工厂、利吉尔家具厂。可见,主要产业还是围绕着制鞋产业,之后鑫吉彩印厂引进,主要是为鞋业配套的。

三、园区功能演变:由单一到多元

(一)园区演变

1.总体情况

考察 20 个国家级合作区,根据其产业定位,大致可以划分为四类,即工业园、开发园、农业园及商贸物流园。经统计,在 20 个合作区中,工业园 13 个,占65％,资源开发园 3 个,农业园 3 个,商贸物流园 1 个。工业园是最为普遍的一种,也是最早创立的,2006 年第一批有 6 个合作区,5 个工业园,资源开发园 1 个。后来,随着中国与更多国家合作的不断深化,合作区的功能不断演化,其由最初的工业园和资源开发园,陆续出现了农业园、物流园等,园区功能更加多元化。

2.园区功能多元化

现在园区已经改变单一工业园的情形,逐渐发展成资源开发区、农业园、物流园等多种形式。其功能定位由工业制造为主转变到资源开发、农业加工及商贸物流等,而且发展势头良好。

(二)影响园区演变的因素

1.国家能源战略大力推进

能源和资源的短缺问题已经严重影响了我国经济的快速发展,因而我国企业投资能源、资源开发产业是对外投资产业的一个必然选择,也是符合我国能源战略的举措。为解决目前我国资源和能源不足的严重问题,有效利用东道国国内的丰富优质的能源与自然资源,进行产业链上一些相关产业的投资。这种合作区产业定位主要相对集中于国内那些原材料对外依存度大和加工能力强的行业,如木材、冶金、建材、有色金属和石化等。中俄——托木斯克木材工贸合作区是一个典型例子。在中俄两国元首倡导下开展俄罗斯森林资源合作开发与利用项目,在中俄总理定期会晤机制下确定的合作项目,双方委托中国国家林业局林产工业规划设计院编制《中俄森林资源合作开发与利用总体规划》一期项目。2015 年 7 月,合作区项目入选"一带一路"建设优先推进项目,被列为"一带一路"134 个优先发展项目之一。

2. 应对商业模式转变

随着我国跨境电子商务近年来的崛起,传统的商业模式逐渐受到挑战,而专业市场和国际物流服务相互结合的园区模式则更容易满足客户需求,所以多个专业市场集于一体,以商品展示、仓储、运输、配送、信息处理、商务和流通加工为主导的商贸物流园区近年逐渐兴起。商贸物流园都是服务型园区,以商贸服务业为主,构建一个商贸物流服务平台,并实现连锁机制,该平台主要经营贸易和物流,能够以商贸带动物流,并以物流促进商贸。企业在对此类合作区进行区位选择时,一是考虑东道国政局的稳定性高,对华关系友好,并已与我国签署合作和投资等相关的政府间协议;二是可以利用东道国有利的地理位置和环境条件,商贸氛围良好,海陆空运输十分便捷,在商品进入东道国后,能够有效辐射东道国及其周边国家和地区,顺利开拓贸易发展空间;三是有利于与东道国开展技术合作,使我国企业创新水平得到提高,双方共同发展,最终达到互利共赢。比较有代表性的当属中欧商贸物流合作园区。

3. 利用东道国资源优势

中国农业目前正在处于由传统农业向现代农业转型过程中,农业产业结构也正在经历优化调整和升级,我国农业发展受到市场和资源等方面的束缚日益显著。为拓宽我国农业发展的空间,国家一直鼓励和支持农业企业尽快"走出去"。因此,农业产业型海外合作区受到了我国政府的大力支持,2014 年中央一号文件《关于全面深化农村改革加快推进农业现代化的若干意见》提出,要合理利用国际农产品市场,并加快推进农业"走出去"战略,积极组建具有国际竞争优势的粮棉油等大型企业。对我国企业到海外进行农业生产和进出口进行大力支持并给予政策优惠。东道国应具有丰富优质的可供合作开发的农业资源,中国与东道国双方均应存在开展农业合作的强烈意愿,且中国企业很愿意赴该国进行投资开发,东道国国内应该社会稳定及投资环境优良。综合这几方面的因素,"一带一路"沿线的东南亚、独联体和中东欧区域是中国农业"走出去"的重要目标区域,而俄罗斯这个横跨欧亚大陆的农业大国是拥有这些条件的首选国。中俄现代农业产业合作区就是典型例子。

4.核心企业产业多元化

海外园区核心企业(主建企业)的产业是决定整个园区产业定位的关键因素之一。合作区在发展初期,核心企业基本上以工业制造业为主,由此,其园区产业定位总是先围绕着核心产业展开,逐渐向其他相关产业拓展,形成多产业联合集聚模式。随着海外园区进一步发展,核心企业的产业不局限于工业制造,而是包括资源开发、农业加工或商贸物流业等。由此,园区主营产业发生变化,随之园区功能定位也逐渐由单一到多元(见表5-3)。例如,中国·印度尼西亚聚龙农业产业合作区,由天津聚龙嘉华投资集团有限公司主建,该企业是中国棕榈油贸易领域中市场份额最大的国内企业,2011年棕榈油市场销售占比达16%,年度油脂经营总量超过100万吨,销售收入总额超过100亿元。合作区经营油棕种植开发、精深加工、收购、仓储物流等。合作区国内外企业同步招商,重点引进市场前景较好、项目带动性强的农业龙头企业作为目标企业,同时积极引进在园区仓储物流等配套产业方面有实力的企业,将合作区打造成棕榈油全产业链农业产业型园区。

表5-3　国家级海外经贸合作区产业发布与园区类型选择情况(2016年核定)

序号	合作区名称	产业选择	园区类型
1	柬埔寨西哈努克港经济特区	核心企业产业:服装 园区产业:纺织服装、五金机械、轻工家电	工业园
2	泰国泰中罗勇工业园	核心企业产业:仪表 园区产业:汽配、机械、电子、五金	工业园
3	越南龙江工业园	核心企业产业:建材、皮革等 园区产业:机械、电子、建材、轻工	工业园
4	巴基斯坦海尔—鲁巴经济区	核心企业产业:电器 园区产业:家电、汽车、纺织、建材、化工	工业园
5	赞比亚中国经济贸易合作区	核心企业产业:矿产开发 园区产业:铜钴开采、冶炼;现代物流、商贸服务、加工制造、房地产、新技术	资源开发园
6	埃及苏伊士经贸合作区	牵头企业产业:建筑 园区产业:纺织服装、高低压电器、石油装备、新型建材及化工	工业园
7	尼日利亚莱基自由贸易区(中尼经贸合作区)	核心企业产业:建筑 园区产业:商贸物流、机械制造、房地产开发	工业园

（续表）

序号	合作区名称	产业选择	园区类型
8	俄罗斯乌苏里斯克经贸合作区	核心企业产业：鞋业、木材加工业 园区产业：轻工业、木材加工业和家电业	工业园
9	俄罗斯中俄托木斯克木材工贸合作区	核心企业产业：木材 园区产业：木材加工、林地抚育采伐	资源开发园
10	埃塞俄比亚东方工业园	核心企业产业：投资 园区产业：冶金、建材、机械等	工业园
11	中俄（滨海边疆区）农业产业合作区	牵头企业产业：国际贸易 园区产业：集农产品种植、养殖、加工、仓储物流于一体	农业园
12	俄罗斯龙跃林业经贸合作区	核心企业产业：林业 园区产业：森林培育、采伐、木材初加工、深加工、木制品展销、物流运输等	资源开发园
13	匈牙利中欧商贸物流园	牵头企业产业：投资 园区产业：商品展示、运输、仓储、集散、配送、信息处理、流通加工	物流园
14	吉尔吉斯斯坦亚洲之星农业产业合作区	核心企业产业：农副产品加工 园区产业：种植、养殖、屠宰加工、食品深加工等	农业园
15	老挝万象赛色塔综合开发区	牵头企业产业：投资 园区产业：电力、机械、农业等	工业园
16	乌兹别克斯坦鹏盛工业园	牵头企业产业：贸易 园区产业：瓷砖、制革、制鞋、手机、水龙头阀门、卫浴、宠物食品和肠衣制品	工业园
17	中匈宝思德经贸合作区	核心企业产业：化工 园区产业：化工、轻工、机械制造、物流等	工业园
18	中国·印尼经贸合作区	核心企业产业：农产品制销 园区产业：精细化工、生物制药、农产品精深加工、家用电器、机械制造及新材料	工业园
19	中国印尼综合产业园区青山园区	核心企业产业：投资 园区产业：家用电器、精细化工、生物制药、农产品深加工、机械制造及新材料	工业园
20	中国·印度尼西亚聚龙农业产业合作区	核心企业产业：粮油 园区产业：油棕种植开发、精深加工、收购、仓储物流	农业园

资料来源：笔者根据文献资料整理。

四、运行机理:双维度视角

我国民营企业集群式海外投资最具代表性方式为海外经贸合作区,其形成和发展受到多方面因素的影响,既是外部的国际贸易局势倒逼的产物,也是我国经济转型升级的自主革新的结果;既受一般性经济理论支配,又带有中国特色经济的烙印。合作区是一种跨国界的经济形式,相比国内的企业投资更具复杂性,涉及范围广泛,影响因素众多。运行机理,从主体维度上看,涉及政府、企业与市场三个角色;从时间维度上看,涉及建设周期、筹备阶段、建设阶段及运行阶段。本章尝试从主体维度与时间维度来分析其机理,并采用泰中罗勇工业园作为案例分析来验证该机理。

(一)主体维度:政府、企业与市场

政府。所有合作区建设都离不开政府的推动与扶持,涉及母国与东道国政府。在通常情况下,有两种可能:一是自上而下,由国家之间先有合作意向,然后寻找合适的企业来实施;二是企业先有投资意向,但因各种不确定因素无法决定是否投资,政府出面进行考察,并与东道国政府达成一致意向。所以在整个合作区的运行过程中担任重要角色的,不仅是母国(中国)政府,东道国的政府(包括地方性政府)也对合作区的建设发展起着不可或缺的作用。

企业。作为合作区的主体,企业是合作区运行的关键因素,但是企业又可以细分为主建企业、招商入园企业、东道国企业等。不同的企业类型具有不同的功能和定位,需要进一步讨论。

市场。这只无形的手是合作区运行的决定性因素,共同的经济利益使双方政府的合作成为可能,也驱使各类企业以不同的身份去参与合作区的整体运行中,同时,市场也会从根本上决定一个合作区的发展周期和最终的成败与否。

(二)时间维度:建设周期

海外经贸合作区的发展过程可划分为准备阶段、建设阶段、运营阶段。

准备阶段:包括前期考察及规划,投资区位及产业的确定需要大量的前期调研及评估等,由企业自发或政府推动。

建设阶段:进入园区实质建设,通常分若干期来建设。包括机构设置、基础

设施、厂房、生活区、配套区等,为入园企业做好准备。

运营阶段:园区在一期建设完工后,开始招商入园,依据产业规划及定位,吸引有意向企业进入园区发展。

合作区建设发展的整个周期,在不同的阶段,政府、企业、市场三者所承担的责任大小各异。准备阶段政府发挥主导作用,建设阶段企业(主导投资企业)自主掌握,运营阶段市场化运作。对海外经贸合作区做阶段划分,一方面有助于理清合作区运行机制中三者的角色;另一方面有助于分清我国政府在合作区发展中的作用,避免政府过多干预园区运营,这样在政府发挥引导作用的同时,让合作区在市场化的环境中,企业获得更多自主权。

(三)运行机理:双维度视角

1.政府:准备阶段

政府在这里需要分清母国政府和东道国政府,两者扮演着不同的角色,承担着不同的任务。首先是母国政府,也即我国的政府,具体的操作部门是中央政府下的商务部。

(1)我国政府在促成合作区项目签订和落实的主要作用

一是进行政治经济协商,签订合作意向和框架。我国政府在日常的外交活动中,重视经济合作领域的谈判磋商,对那些具有可行合作项目的国家进行密集的接触,对主动寻求合作的国家进行细致考察,在合作意向的基础上签订大致的合作框架,谈判争取最多的条目,并要求对方做出政治许诺和保障。

二是发布相关信息,负责企业资格审核。商务部及相关的政府部门就合作区所在地的综合信息进行汇总和发布,包括东道国的政治风险评估、经济形势预测、市场调研信息、行业微观数据等,这些信息及时推送到目标企业,为企业做出投资决策提供参考。同时,合作区的领头企业需要具备一定的实力要求,在资金、管理、技术上需要满足相应的门槛。因此,政府需要制定相应的筛选机制和进入机制。

三是防范控制风险,应对突发事件。商务部和中国出口信用保险公司共同建立合作区风险防范机制。整套风险防范机制以风险的事前预防为主,在风险分析的基础上给企业风险管理建议,并提供相关的保险业务,在危机发生之后,快速与东道国政府协调,帮助企业及时化解危机。

四是提供资金支持和融资便利。在合作区建设中,获得审批的企业将享受国家给予资金补贴和专项的贷款支持等。同时，政府多次鼓励银行、金融机构设立专门的合作区融资项目，提供针对性的金融服务，保证合作区建设和发展的资金需求。

（2）东道国政府在合作区运行过程所起的作用同样重要

一是中央政府的政治担保，地方政府的积极配合。本书所提到的合作区均是国家级合作区，是双方中央政府签署的重点合作项目，东道国政府在政治上做出的许诺具有严肃性和确定性，因此承担着保障合作区运营环境的责任。合作区是地方政府较大规模的外资引进，同样也承担着优化投资环境的任务，在有效履行中央政府签订的合作要求的同时，积极为入驻企业提供相应的支持和服务。

二是基础设施服务，税收政策优惠。合作区的发展能为东道国中央政府和地方政府带来双重实惠，在获得税收的同时，也能安排一部分就业，而且能对本国的经济带来溢出效应。因此，东道国在合作区建设初期或长期通常会提供相应的税收优惠政策，在土地规划、水电设施、交通设施等方面也会让利于企业。

三是促进园区与本土经济融合。东道国对合作区的经济期望不仅仅是税源，也希望合作区能与本土经济进行有效的融合，进而带动本土其他经济主体协同发展。因此，东道国在合作区运行过程中会注重本土企业与合作区经济往来，也会为合作区提供劳动力，以期合作区与当地经济深度融合。

2. 企业：建设阶段

（1）主建企业（核心企业）

企业在合作区建设和发展阶段起主要作用。其中最关键的是主建企业，也即国内向商务部申报参与主要投资的企业。这类企业对推动园区建设和后期的园区招商、管理运营起着主导作用。

一是负责集资开发园区。主投资公司在合作区项目签订之后，需要负责整个园区的施工建设，包括自用厂房、租用厂房、基础设施等。园区的开发一般需要巨额资金，单个企业很难承受，从目前的合作区的实践上来看，大多是多家企业以入股的方式合资或者合作开发，管理权和经营业务则交给一家企业。当然，也有企业单独开发，利用融资的手段筹措建设资金。

二是负责园区招商业务。园区招商是合作区运行的重要环节，贯穿于园区建设前、中、后的整个过程，由主导投资的企业负责。鉴于合作区的产业定位，在园区招商过程中会有条件的限制,而这样的筛选机制由主导投资的企业负责,通常招收引进那些和园区主导产业相关的价值链上下游的企业,目的在于形成规模效应和集群优势。

三是负责对合作区的管理和服务。除了负责企业自身的经营管理外,主投资企业对园区的基础物业服务、工人生活保障、企业间合作和纠纷等也负有管理责任,具体的合作区可能会采取服务外包的形式,但不影响该类企业的最终责任归属。

四是负责东道国公共关系处理。合作区不仅在需要和当地的税收部门打交道,而且在园区所在地的环境保护、社区参与等方面也需要积极承担义务,合作区在社会责任的承担上义不容辞,要融入当地的社会生活中,不能成为"经济孤岛"。公关事务主要由主导投资企业出面处理。

(2)入驻企业

相比主导投资企业的角色而言,入驻企业的角色承担就比较简单,主要包括:

一是符合园区产业定位。在企业入园前谈判和入园后经营要保证经营的行业符合园区的定位要求。

二是积极缴纳相关费用。入园企业的厂房租金、水电费、管理费等是主建企业成本回收的重要部分,因此需要按合同要求及时足额缴纳。

三是服从园区日常管理。园区的日常管理多由主建企业负责,入园企业应遵守园区的相关管理规定,保障园区的经营秩序。

四是企业间交流互动。企业入园的动因之一就是获得园区的外部经济性,实现产业融合,因此积极的企业间联动必不可少。

3.市场:运行阶段

合作区投入使用之后,完全实行市场化的运营,该阶段市场对合作区的后续发展起着基础性的作用,决定了合作区的长久命运。具体而言,市场从以下几个方面发挥作用:

(1)决定合作区经营范围和产业定位。不同类型的合作区基于东道国特定的要素优势,针对区位优势、资源能源优势、劳动力优势等设置合作区的主导产业,然后配备相应的周边产业,进而形成完整的产业体系。这样一方面能降低生产运营成本,另一方面能缩短与市场的距离。

（2）促使合作区价值链的形成。合作区的优势主要体现在产业集聚效应、规模效益和集约投资效益上。在园区招商和园区扩建的过程中，市场促使符合合作区产业定位的企业投资入驻，围绕主导产业不断延长价值链，将合作区的生产逐渐内部化，并通过市场的淘汰机制提高合作区的经营效率。

（3）达成入园企业的国际经营使命。诚然，合作区的企业并不全是在短期就能取得盈利，部分企业仍处于收支相抵或亏损状态，但这些企业把入驻合作区作为进军国际市场的尝试，并在此过程中学习积累国际化经营的经验，这作为一种企业国际化经营的实现方式，对于那些实力相对较弱、但有国际化发展愿景的中小企业来说不失为一个好的决策。

（4）检验企业的经营状态。园区内的企业在实务中已有项目中断和退出园区的案例，市场化运作给园区的经营建立了能进能出的淘汰机制，检验着入园企业的经营能力和发展前景。市场对合作区的影响更多的是和其他角色交织在一起的，比如合作区的规模大小不仅由市场决定，也与企业的经营管理密不可分。

通过以上分析，现将合作区的运行流程初步归纳为图 5-1 所示。

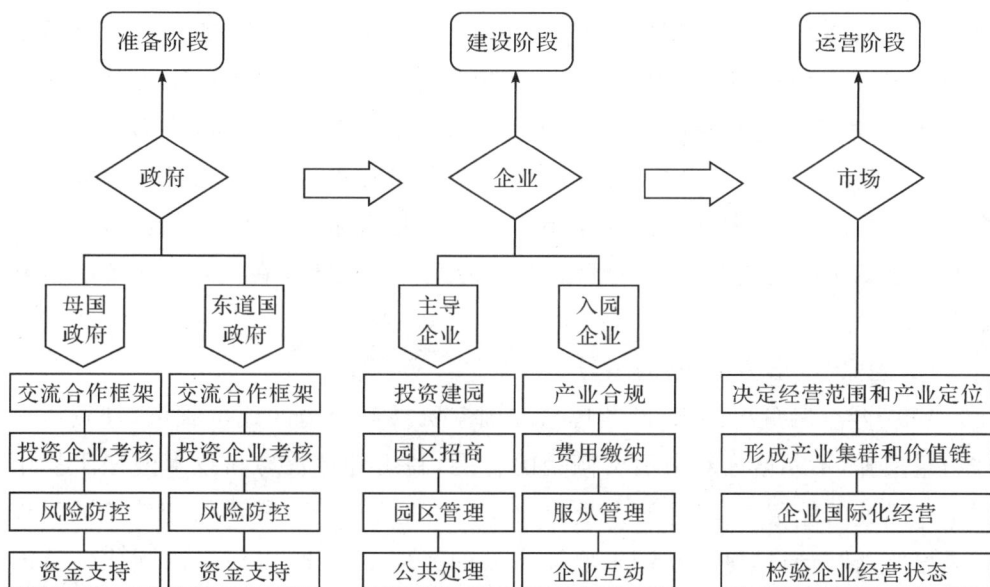

图 5-1　海外经贸合作区运行机制流程

(四)案例分析：泰中罗勇工业园

泰中罗勇工业园是我国第一批国家级海外经贸园区。自 2006 年项目实施以来，园区建设有序进行，入园企业均已投入生产，园区的经济效益达到预期目标，多次被商务部评选为海外经贸合作区先进单位。目前，泰中罗勇工业园的建设和发展趋于成熟，正在进行第三期的开发，在规模上进一步扩大，预期建成以后将成为经济容量最大的经贸合作区。同时，泰国是海上丝绸之路的重要节点国家，对推动"一带一路"全局意义深远。泰中罗勇工业园的发展在 2014 年迎来了重要转折，招商速度空前加快，这无疑是受到了"一带一路"倡议的积极影响。也正是因为泰中罗勇工业园的典型性，本书选择其作为案例分析的对象，来进一步验证运行机理。

1. 建设发展的外部环境

泰中罗勇工业园的建立是我国"走出去"战略的生动实践，有着良好的政治交往根基以及经济合作基础，是中泰两国顺应时代积极推进合作关系升级的标志性项目。

（1）中泰之间良好政治生态

中泰两国地理接近，人心向齐，政治经济交往密切，双方关系在健康良性的轨道上不断前行。1975 年中泰建交，自此一直保持友好邦交关系。两国于2012 年建立全面战略合作伙伴关系，双边合作得以深化。中泰经贸合作的迅速发展，双边贸易的不断增长，投资环境的改善等诸多有利因素，都为我国企业到泰国投资建厂提供了良好的机遇。中泰两国高层的互访不断，已形成稳定的高层沟通机制，为双方的多元化交流打通了顶层关节。值得一提的是，泰国于2004 年承认中国完全市场经济地位，双方的经济交往建立在良好的政治生态基础上。

（2）国家"走出去"战略的引导

1997 年金融危机以来，欧美国家在国家贸易舞台中的地位收束，其贸易保守力量反弹，不断增加对中国反倾销的力度，利用各种贸易和技术壁垒阻挠中国不断增速的外贸步伐，迫使大量中国外向型制造企业不得不改变传统的对外贸易思路，转向通过海外投资来增加产品的产地多元化，以拓宽国际化经营的渠道，寻求国际市场上的互利合作，寻找更多新的经济增长点。我国政府大力推进"走出去"战略，在外向型经济结构调整中给予重点支持。企业海外投资的政策环境宽松,企业海外投资的热情高涨。

(3)华立集团以在泰投资为基础

华立集团股份有限公司是浙江省一家大型现代企业集团,产业覆盖医药、仪表及电力自动化、新材料、电力工程等,华立集团在 2000 年开始在泰投资设厂。华立之前在其他一些国家投资时,曾遭受到了当地企业的共同抵制,华立遭受了各种不公平待遇,一些当地企业还通过价格联盟来驱逐华立。华立首先结合自身优势产业电表在泰建厂,并逐步被当地市场接受。经过发展,华立计划在泰建立投资平台,专为国内企业提供帮助。通过与泰国开发商安美德集团进行沟通后,双方达成初步合作意向。同样在 2006 年国家提出在海外建立"经贸合作区"的建议,于是华立向国家投标申报了合作区的建设方案,当年 8 月,华立成功获批,成为建立海外经济贸易合作区的首批中标企业之一。自此,我国传统优势产业在泰国有了产业集群平台,此工业园是现代化大型产业综合性园区,主要集制造、加工、物流、商贸和会展于一体。该合作区基础设施相对完善、投资环境比较宽松、市场辐射影响能力较强及友好丰富的文化将成为我国企业去泰国投资设厂的首选。

2.建设发展的内部动力因素

(1)区位条件优越

泰国地理位置优越,地处中南半岛腹地,南拥泰国湾,西邻安达曼海,是东南亚地区的中心地带,辐射到整个中南半岛,与南部岛国一衣带水。中泰之间虽未直接接壤,但通过"金三角"中泰边境的经济交往有很大的便利性,西双版纳成为我国与泰国接触的前沿哨点。泰国是海上航线的重要驿站,在古代海上丝绸之路中占有重要位置。"一带一路"倡议给沿线国家带来新的发展机遇,泰国的地理位置的优越性得到进一步的强化,泰国方面也积极响应,希望借助自身在 21 世纪海上丝绸之路上的便利条件,与中国一道复兴海上丝绸之路的辉煌,共享中国发展带来的惠利。

(2)经济互补性较强

泰国作为一个新兴的工业化国家,在东盟中的经济地位日渐重要,目前在东南亚,泰国的经济总量排名第二。在泰国的产业结构中,农业虽然占据重要席位,但工业和服务业发展迅速,工业制造能力和第三产业的支持能力不断提高,于是泰国成为国际投资的重要流入地。同时,泰国也是一个市场化程度较高的国家,重视吸引外资,尤其是对投向农业和劳动密集型的制造业的优惠力度较大。泰国的经济特点和市场容量与我国现在的经济具有很强的互补性。一方面,我国的传统制造业出现产能过剩的问题,而且国内的生产成本提高也进一步弱化了这些行业的优势,而泰国对制造业生产力仍有较大的市场需求,重视工业资本的引入,对我国投资建厂持热烈欢迎的态度;另一方面,基于泰国优越的地理位置和开放的市场机制,我国企业能借助泰国的"跳板"实现深耕国际市场的目的,以泰国为中继站向欧美市场延伸。此外,泰国的很多优势资源正是我国所缺的,如橡胶、木材等,这些资源多是大宗商品,运输的成本较高,而且国内的关税征收较重,企业国内生产的利润空间被压缩,在泰国投资建厂成为经济的选择。"一带一路"布局逐渐铺开的,沿线国家的基础设施将实现互联互通,我国与泰国的经济交往空前紧密,国内企业进入泰国投资越来越便利,泰国也越来越多地获得由此带来的红利,更积极主动地吸引中国企业来泰国投资。

(3)基础设施完善

泰国政府为了吸引中国企业做了大量具体的实质性工作,其中最突出的是泰中罗勇工业园投入巨额资金建设中资企业创业孵化区,为园区的建设提供基础设施的支持,缓解投资企业的资金困难,也有利于入园企业早日投产。现在创业孵化区内已建造了部分厂房、仓储设施以及生活用途建筑,采用限时免费或低价出租、出售的方式提供给中方企业。与此同时,在园区布局的当地政府对园区也有相应的政策倾斜,在园区用地、用水、用电上给予便利,搭建专门的水电线路,以保证园区的稳定运营。而且,在园区安保问题上,当地政府也设置派出组织入园,以维护合作区的治安,避免当地的不法分子侵扰。东道国对引进外资有着强烈的渴求,因此较为重视园区的软件和硬件基础设施,以此来吸引更多的国外企业到泰投资。

3.泰中罗勇工业园运行机理

(1)筹备阶段:政府主导

中国与泰国之间的政治经济联系密切。1975年两国正式建交,此后,两国朝着方友好合作的方向稳步前进。1985年,双方签订了《促进和保护投资协定》;1986年,签订了《避免双重征税及防止偷漏税协定》;1992年,签订了《中华人民共和国和泰王国关于21世纪合作计划的联合声明》,1997年,签订了《贸易经济和技术合作谅解备忘录》;2009 年,签订了《扩大和深化双边经贸合作的协议》。一系列的政治经济协定是中泰之间友好合作的重要成果,也为后续的深化合作提供了保障。中泰之间深厚的外交友谊和成熟的政治经济合作框架,给中国企业在泰国投资加注了信心。

2006 年,时任国家主席胡锦涛提出建设海外经贸合作区的构想,泰国政府积极响应,与在泰国已有投资基础的华立集团就建设泰中罗勇工业园区进行多次磋商。商务部为争取泰国政府给予的政策优惠做出极大努力,在税收、用地、外汇等方面为合作区企业争取最大力度的优惠。具体的有:投资之后的八年内,入园企业免缴企业所得税和进口机器关税;五年内,对以外销的原材料免征关税;免税期过后五年,企业所得税减半缴付。同时在基础设施和园区建设费用上也给予较大幅度的优惠。此外,在外籍员工携带家属、购置土地所有权上给予国民待遇,园区内企业拥有自由汇出外汇的权利等。与此同时,泰国政府在园区的用地规划上列入当地工业发展整体规划之中,为园区的建设提供高标准的配套基础设施。

在海外经贸合作区的概念提出之前,中泰双方政府就有意促成双方企业进行联合建设工业园。在中泰双方政府的牵引下,华力集团与泰国开发商安美德集团于是决定共建泰国工业园。2006 年,国家提出在海外建立经济贸易园区的构想,华立向国家投标申请了合作区投资建设资格。商务部派出调研小组,对华立集团及在泰国的投资进行系统的考察,当年 8 月,华立集团通过商务部的审核,获得建设海外经贸合作区的资质。

(2)建设阶段:企业掌控

华立集团是罗勇工业园区的背后股东,直接参与实施的是其控股企业——华方医药科技有限公司。而负责园区建设的企业是泰中罗勇工业园开发有限公司,该公司是由华方医药与安美德城有限合资组建。园区位于紧靠泰国东部海岸、毗邻曼谷和廉差邦港,整体规划面积 12 平方千米,现在,一、二期共 4 平方千米已经开发完毕,建设厂房也全部得到企业的认领入驻。目前,三期工程正在动工,该期工程的建筑面积超过前两期,约占园区面积的百分之五十,重点引进中高端的制造行业。园区的建设规划由泰中罗勇工业园开发有限公司进行整体设计,现已建成的区域包括一般工业区、保税区、物流仓储区和商业生活区四大板块。

在园区的建设过程中,企业的招商工作就已提前布局。起步阶段,工业园主要针对三类的企业招商。第一类是以更换商品原产地为目的的企业。该种企业为了规避欧美国家贸易壁垒和贸易摩擦,采取商品的更换生产地的手段,把原先是国内生产的商品,摇身一变为泰国制造,通过"换国籍"的方式重新参与国际竞争。第二类把合作区当作中继站的企业。一些国内企业到泰国投资主要是借助合作区的平台,从而进入东南亚市场,有些甚至由此进军国际市场。第三类是寻求优势资源的企业。该类企业主要是利用泰国具有的优势资源,以降低国内相关资源短缺或成本压力。初具规模阶段,工业园倾向招引国内企业进入泰国具有特定优势的行业,主要集中在泰国农业、橡胶加工业、汽摩配加工等。例如,泰国是世界上最大的橡胶产地,有着成熟的汽车工业,因此,园区里有像新泰车轮、中策橡胶等大的相关企业入驻。

（3）运营阶段:市场决定

截至 2016 年底,总共入区 55 家中资企业,共计 78.4 亿元协议投资金额。其中已开始生产的有 21 家,年销售额总计超过 41.2 亿元;2016 年,入区企业已达年产值 143.8 亿元,为当地创造就业岗位达 1.5 万个,给当地政府税收贡献超过 4.8 亿元,园区的第三期正在建设,规模将进一步扩大。泰国虽然经历了政权变动,但泰国市场经济平稳,实行对外开放政策,注重对外贸易和招商引资,因此,泰中罗勇工业园的外部市场环境较为平稳。经过十余年的实践,泰中罗勇工业园区在规模上不断扩建,引进的企业数量稳步增加。最为关键的是,园区内的产业布局基于泰国市场特点、资源优势和入园企业等因素由最初设想发生更合理的转变,已经形成较为完善的运作机制和成熟的盈利模式。目前,园区的主导产业有建材、摩托车组装、汽车零部件制造等,主导产业稳固发展,高技术行业正在有序进入,国内一批在家电、电子、电气等具有优势的企业有意入园,招商洽谈工作正在进行当中。

五、投资效应:集聚外部性

建设海外经贸合作区既是国际贸易形势变幻倒逼的产物,也是我国政府和企业顺势而为、主动创新的成果,一方面短期内化解了国际贸易局势的难题,另一方面长久来看将成为对外经济升级的重要砝码,有着多元的功能和意义。通过调研，海外经贸合作区经过多年建设，取得较大进展，并产生一定投资效应。

（一）节约企业成本

合作区内的入驻企业的总体成本较入园前会有所降低，成本优势主要有以下几方面构成：（1）政府补贴和帮扶。我国政府鼓励企业"走出去"，对合作区的企业会给予较大幅度的政策支持，不仅给予直接的资金补贴，而且在税收上也采用较为灵活的形式，以减轻企业的经营压力。与此同时，东道国政府对合作区的企业也普遍采用税收优惠的办法吸引投资。如越南政府给予龙江工业园区以最优惠的税收政策，规定入园企业自有营业收入之年起享有 15 年的所得税优惠期，优惠税率为 10%（目前越南的企业所得税为 25%）；自盈利之年起前 4 年免税，后续 9 年税率减半。（2）生产要素成本降低。目前我国的海外经贸合作区的布局集中在发展中国家，劳动力成本是企业生产成本的最大构成，劳动力成本的下降对于企业竞争力的保持和提升意义重大。此外，东道国的物产资源和投资的行业相互匹配，丰富易得的物产资源相对于国内也形成成本上的优势。例如，乌兹别克斯坦鹏盛工业园的设立就得利于当地的生产资源。2005年温州皮革行业因其污染等问题面临整顿危机，而且当时的皮源大部分都是由内地以及西北运输过来的，为了寻找更加优质的皮源，以及进行产能转移，园区的三个股东到各地进行调研走访，从新疆到哈萨克斯坦最后转到了乌兹别克斯坦。乌是农牧业国家，皮源比较多，在那开始开了一家皮革厂。（3）产业集群带来的外部经济。我国的海外经贸合作区在产业布局上围绕主导产业配备周边产业，形成产业链和价值闭环。相关及互补企业的集聚带来正向的外部性，产生规模效应，企业的成本较单打独斗时有所降低。如赞比亚中国经济贸易合作区以有色金属工业开发为主，而延伸有色金属加工产业链。

（二）集体开拓市场

我国的对外贸易经历了"两头在外，大进大出"的模式，外向型企业由此获得了第一桶金。然而这种贸易模式难以持续，而且造成了严重的产业后遗症，致使国货产品在国际贸易中长期处在价值链的底端，在国际市场的话语权低、议价力微弱。随着我国工业生产能力的进步，国内企业"走出去"的意愿愈发强烈，但由于缺乏国际化经营的经验，企业单兵作战的成功率不高。建设海外经贸合作区改变传统的商品出口模式，直接在东道国生产，借助本土化经营的策略,缩短产地与市场的距离,加快感应市场反馈,深耕东道国市场。俄罗斯乌苏里斯克康吉经贸合作区是 2006 年 10 月经国家商务部批准的首批实施国家级"走出去"战略的海外园区之一,距海参崴 100 千米,离黑龙江省东宁口岸 53 千米。产业定位为鞋类、服装、家居、木业、建材、五金电器、阀门、汽摩配等。目前园区内共有鞋类企业 18 家,形成温州鞋的集体品牌效应,集体开发俄罗斯及周边市场。通过引导国内企业入区发展,实现中俄两国优势生产要素的有效结合,利用海参崴的港口优势,拓展和增强国内产品在世界市场上的竞争力。

(三)规避贸易壁垒

我国国际贸易总量增长迅猛,国际贸易顺差也增势强劲,触动了原有的国际贸易利益结构,于是国际上一些国际贸易的既得利益者对中国出口产品采取更严厉的贸易限制。2016 年,我国共遭遇 27 个国家和地区发起的 117 起"两反一保"案件,涉案金额高达 139.8 亿美元,数量和金额达到历史新高。面临高频率的国际贸易摩擦,我国企业如何更好地利用国际贸易规则成为当务之急。建立海外经济贸易合作区,把厂址选在国外,不仅能以改变产品的原产地的方式规避贸易壁垒,而且能利用东道国的国际贸易地位和优势来打入国际市场。如中俄托木斯克木材工贸合作区的建成投产,使得让中国企业头疼不已的"灰色清关"问题迎刃而解,而且相同的产品在海外加工生产,摇身一变为"俄罗斯制造",产品的价值较原来的国货有所增加,虽然提升核心竞争力才是国货的出路,但上述做法短期内对国内企业尤其是中小企业意义重大。与此同时,泰中罗勇工业区、柬埔寨西哈努克港经济特区等均为合作区企业提供普遍制优惠、配额优惠、关税优惠等,为企业灵活运用国际贸易规则提供多元选项,从而能有效地规避国际贸易壁垒,在国际贸易中处于主动地位。

(四)创建盈利模式

通过海外经贸合作区建设,主建企业或入园企业之间创建了符合自身发展的盈利模式,主建企业通常有三种方式:出租园区厂房、转让园区土地使用权或合股方式。以乌兹别克斯坦鹏盛工业园为例,实施入园企业股份制,股权双方自定,实行盈利连带模式。一般不低于入园企业股份的 10% 可参股。一是入园企业对园区不熟悉,开始持观望态度,希望实施企业入股,加大信心;二是实施企业对入园企业也有产业定位要求,经过仔细考察后才能入园,所以相互持股成为比较稳定的盈利模式。到 2013 年底为止园区已建成标准厂房及配套设施共 10 万多平方米，累计完成投资约 4200 万美元，2013 年园区完成工业产值近 5600 万美元，出口创汇约 3200 万美元，纳税超过 500 万美元。目前园区员工总人数已超过 1100 人，其中本地员工占 80％以上。项目全部投产后园区的年工业产值将超过 1 亿美元，出口将超过 5000 万美元，并为当地创造就业岗位超过 1200 个。

（五）实现本土化

合作区正常良性运行，园区很好地履行社会责任与融入当地非常关键，只有这样，才能获得当地政府与居民的支持与资源。据调研，大多园区在海外都成立了民生工程，造福当地。例如，柬埔寨西港工业园，该园区在当地占地 11.13 平方千米，分三期开发，第一期是 5 平方千米，目前有 160 栋厂房，引进了 102 家企业，其中 90 多家企业已经在运营开工，解决就业人数 1.6 万人，大部分是本地柬埔寨人。用西港省省长的话说，该园区解决了当地老百姓的饭碗问题，因为园区确实在当地和老百姓打成一片，打造了民心工程。另一个例子，鹏盛工业园 2011 年设立了一个鹏盛慈善基金会，每年都会有一笔专款用于当地民生建设，截至 2016 年底，总共用于基金会的金额达 230 万美金，用于资助当地学校教育，如教具电脑等；资助当地居民的日常生活，如粮食、鞋等生活日用。同时与大使馆一起花费 200 多万美金在当地设立一个生态公园，公园内球场、游泳池、商业中心、培训中心等基础设施一应俱全，堪称民生工程，因此当地居民以及政府跟园区关系也是相当友好。

六、政治风险：成因及防范

海外经贸合作区作为我国企业集群式海外投资的主要模式。在当前国际形势复杂多变的背景下，其发展不仅面临由于市场因素导致的经济风险，而且面临由于东道国制度等不确定因素引发的政治风险。政治风险是指各国在国际投资过程中由于东道国政局变动、政策不连续、地缘政治冲突、民族主义与宗教意识形态冲突、地区和局部战争、官僚体制、恐怖袭击等因素，以及外国投资者本身行为给投资企业造成损害的可能性。总的来说，东道国政治风险主要包括政局变动以及发生骚乱、恐怖袭击或武装冲突等情况。根据《"一带一路"倡议下中国海外园区建设与发展报告（2018）》中的数据，据不完全统计，2005—2014 年我国在"一带一路"沿线国家发生的政治风险案例总共有 33 起，总金额达 565.2 亿美元，涉及 20 个沿线国家，其中，设立了国家级经贸合作区的有 7 个国家，分别是乌兹别克斯坦、越南、俄罗斯、印度尼西亚、巴基斯坦、泰国、柬埔寨，涉案 10 起，金额为 96.4 亿美元，占比 17.05%。

众多学者研究认为，由于经贸合作区这种比较特殊的投资方式，其政治风险更应该首先引起关注。陈菲琼和钟芳芳（2012）认为，政治风险是海外投资评估的起点，也是海外投资成功与否的关键因素。梳理目前已有的关于该专题研究文献，大多学者认为，我国海外经贸合作区发展面临海外风险，代表性的有聂名华（2008）、于盟（2011）、乔慧娟（2014）等，同时，还有学者提出，需要通过建立完善的风险预警系统从而达到防范海外风险的目的（谢庆勇，2007；张路，2009；张鹏，2010；王健朴，2010 等）。以上研究为课题组提供了很好的理论基础，但以定性研究为主，缺乏相应的数据分析与案例支撑。由此，课题组拟采用世界银行、国外财经网站公开数据及调研获得的园区案例，以国家级海外经贸合作区为例，对海外园区的政治风险进行梳理，主要有政局风险、政府质量风险、违约风险、政策风险等主要问题，并提出相应的防范对策。

（一）政局风险

政局风险是指国家政体、政权发生的改变给外国企业在该国的正常生产经营活动带来风险。东道国政局的不稳定可能会造成国内社会动荡甚至是恐怖活动频繁发生，这些事件在某种程度上都将会对园区企业产生不可逆转的影响。由此，政局不稳不仅给海外企业带来投资损失，而且给园区员工带来安全隐患。

如何测量政局风险，课题组拟采用世界银行相关数据。世界银行经济学家 Kaufman 等人编制的全球治理指数（Global Governance Index，GGI）包括以下六个指标：话语权和问责（Voice and accountability）、政治稳定性与不存在暴力（Political Stability and Absence of Violence/ Terrorism）、政府效率（Government Effectiveness）、管制质量（Regulatory Quality）、法治程度（Rule of Law）、腐败控制（Control of Corruption）目前世界银行网站已经收录 1996 年至 2015 年全球 215 个国家在上述六大治理维度方面的数据。如何来测算政局风险，笔者认为"政治稳定性与不存在暴力"指标具有代表性，故采用其进行测算。查阅

世界银行官方网站①,2015 年"政治稳定性与非暴乱的判断"估计值最高为 1.92
(American Samoa,美属萨亚群岛),最低为－2.94(Syrian Arab Republic,伊利
亚阿拉伯共和国),数值越大表示稳定性越强。

　　我国 20 个国家级海外合作区分布在 14 个国家,分别是柬埔寨、泰国、越
南、巴基斯坦、赞比亚、埃及、尼日利亚、俄罗斯、埃塞俄比亚、匈牙利、吉尔吉斯
斯坦、老挝、乌兹别克斯坦、印尼。为进一步研究合作区所在国的政治稳定性,
笔者采集了 2015 年上述 14 个国家"政治稳定性与非暴乱"估计值,并将其制成
折线图 5-2。由此可以发现,合作区所在国 2015 年政治稳定性都偏低,仅有越
南、赞比亚、匈牙利 3 个国家是在 0 线以上,其中最高为匈牙利,估计指数为
0.7;11 个国家在 0 线以下,其中巴基斯坦估值指数最低,为－2.54。由此可
见,政局风险广泛存在于合作区所在国家中。

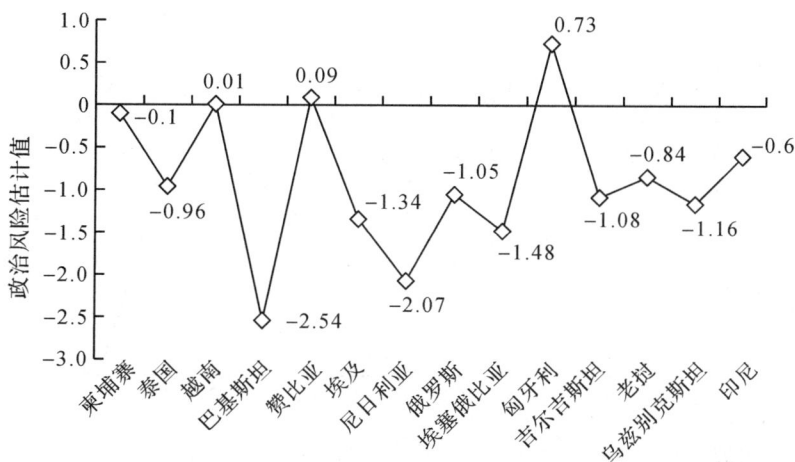

图 5-2　海外经贸合作区所在东道国"政治稳定性与非暴乱"估计值(2015 年)

　　数据来自:世界银行公开数据(http://data.worldbank.org.cn/)。

　　以越南为例,从图 5-3 中可以看出,2006－2013 年海外经贸合作区在越南
政治稳定性与非暴乱的估计值处于波动状态,但基本保持在 0 线以上,2014 年
突然降至负值,2015 年虽有所回升但远远低于 2013 年之前的数值。说明越南

---

　　①　世界银行公开数据网站(http://data.worldbank.org.cn/)免费公开了全球各国有关发展的全面数
据,以及在数据目录中列出了其他数据集。

的政治稳定性较差,波动性较强,政局风险依然存在。

2014 年政治稳定性下降的原因是该年越南发生暴力事件。随着中国企业投资在越南的外商投资份额持续快速上升,部分越南民众见到中国人在当地逐步发展起来心里不是滋味,更有甚者借此将国家间的纷争在民间放大转移。2014 年 5 月 13 日,越南国内发生暴力反华运动,该事件以南海主权之争为背景,由示威抗议发展成为对包含日本的外资企业的打、砸、抢、烧等暴力攻击,该事件对在越南投资的企业造成了一定的损失,也降低了部分企业对越南投资环境的预期,打击了他们的投资信心。在这次暴乱中,入驻越南龙江工业园区的天虹银龙纺织有限公司的厂房被示威者破坏,不少机械设备及电脑等被毁坏。越南当局为迎合部分民众,借此转移国内矛盾,默许了这一系列的反华行为。

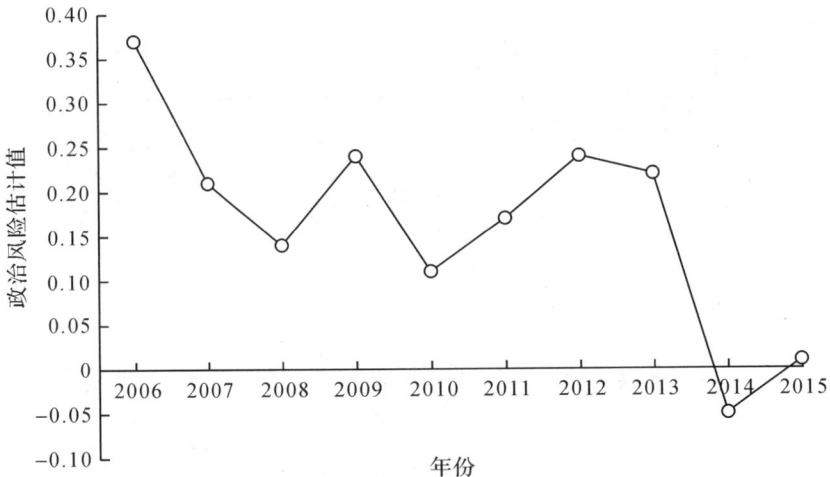

图 5-3　海外经贸合作区在越南"政治稳定性与非暴乱估计值"(2006—2015 年)

数据来自:世界银行公开数据(http://data.worldbank.org.cn/)。

(二)政府质量风险

政府质量风险是指一个国家治理水平及其对企业合作的影响。具体而言,由于政府部门腐败而导致效率低下,从而影响对外投资企业的效益。在对外投资过程中,投资企业与东道国政府部门进行协商是外来投资者必不可少的环节。政府部门腐败导致办事效率低下,将对企业运转和投资者的选择产生重要的影响。当局官僚主义行径会造成园区企业增加众多计划外开销,效率低下损失了大量的时间成本,这与企业追求高利润的初始目的背道而驰;同时,这种非公平的竞争严重影响了企业投资的积极性,加剧了园区企业的投资风险。

由此,笔者以世界银行公布的全球治理指数中(GGI)的腐败控制指数作为衡量测度,2015年全球腐败控制指数最高为2.29(新西兰,New Zealand),最低为—1.83(赤道几内亚,Eouatorial Guiena),数据越大,代表腐败控制度越高。采集2015年上述14个国家的腐败控制度,详见表5-4。可以发现,在上述14个国家中,腐败控制度平均值为—0.67,低于0线。从国别看,仅匈牙利腐败控制度是在0线以上,仅为0.1,乌兹别克斯坦为所有国家中的最低,数值为—1.16。显然腐败风险在我国海外经贸合作区的合作国家中是普遍存在的。

表 5-4　海外经合作区所在东道国腐败控制指数(2015 年)

合作国家	腐败控制指数
柬埔寨	—1.04
泰国	—0.4
越南	—0.45
巴基斯坦	—0.76
赞比亚	—0.41
埃及	—0.56
尼日利亚	—1.1
俄罗斯	—0.86
埃塞俄比亚	—0.41
匈牙利	0.1
吉尔吉斯斯坦	—1.08
老挝	—0.84
乌兹别克斯坦	—1.16
印尼	—0.45
平均值	—0.67

资料来源:世界银行公开数据(http://data.worldbank.org.cn/)。

如果以越南为例,找出其 2006 年至 2015 年的腐败控制度,数值为－0.45 至 0.76,平均值在－0.595,多年一直居于零线以下,详见表 5-5。

表 5-5　越南腐败控制指数(2006－2015 年)

年份	腐败控制
2006	－0.76
2007	－0.65
2008	－0.73
2009	－0.53
2010	－0.63
2011	－0.61
2012	－0.56
2013	－0.53
2014	－0.50
2015	－0.45
平均值	－0.595

数据来自:世界银行公开数据(http://data.worldbank.org.cn/)。

(三)违约风险

违约风险是指东道国政府在接受外国投资行为的过程中,违背原始协议,导致合同无法顺利执行,从而对外国投资者造成高额损失。导致违约的主要因素是部分发展中国家的信用缺失。中国现有的经合区多数是与发展中国家或相对落后的国家合作,他们的基础设施、经济水平、系统环境、信用环境等方面有一定的缺陷,这些缺陷将导致政策不稳定,不同立场的各方为自身利益或代表集团利益可能会推翻之前签署的两国优惠协议,这些问题会在一定程度上影响经贸合作区。

根据美国一个财经博客网站 Zerohedge[①] 提供的违约风险发生率国家热度

————————

① Zerohedge,是美国一个财经博客网站。该网站主要报道关于华尔街和财经方面的内容。

图(划分为四个级别,红色区风险最大,红黄色区第二,黄色区第三,绿色区最小),按违约风险排名前 12 的国家依次是:委内瑞拉、希腊、乌克兰、巴基斯坦、埃及、巴西、南非、俄罗斯、葡萄牙、哈萨克斯坦、土耳其、越南,相较它们,中国处于黄色区第三。在红色区中的越南、俄罗斯、巴基斯坦、葡萄牙、埃及等国家都建立了海外经贸合作区,由此可见,违约风险是广泛存在的。

以越南为例,该国的法律制度自革新开放 20 多年以来虽有较大改进但仍然有待完善,尤其是针对外来投资,缺乏可供参照的先行法例,所颁布的法令法规多处于试行阶段。如 20 世纪 80 年代颁布的《外国投资法》,自出台以来先后出现了近十次修改,而政策稳定性不足将大大提高越南政府违约概率。2010年由于违约的频繁,该年越南违约保险合同价格由 35 美元上升至 248 美元,也说明了这一时期的违约风险比较典型。

(四)政策风险

政策风险,是指由于东道国政策不稳定或频繁变化而导致海外投资企业的利益受损。在对合作区企业的调查中,大多企业认为东道国政策变化对企业经营的影响更大,而且这种风险的防范的难度更大。以泰中罗勇工业园为例,2015 年 1 月 1 日,泰国投资促进委员会通过最新的投资政策,该政策正式生效后,对该园区产生重大影响。企业从原来的按地域划分改为现在的按行业来划分,新政策旨在促进泰国科学技术发展水平、平衡区域间的发展以及充分利用当地优势资源。新政策将生产活动分类,部分企业将有机会享受到无封顶的免征税的优惠政策。新政策将企业分为 A 类和 B 类,实行的鼓励措施是按项目价值和行业类别来享受不同的额外优惠权益。调整后的新政策着重发展绿色工业和高科技产业,以促进区域新产业集群的形成。这项新政策的实施将不利于合作区内主要发展传统优势产业的中资企业,也会在一定程度上阻碍其他经营传统产业的企业进入合作区。新政策的另一个不利之处在于,在新政策实行前鼓励投资区是 58 个府,新政策鼓励投资只有 20 个府,而泰中罗勇工业园所在的罗勇府不在鼓励投资区。此外,一些合作区所的优惠政策大都停留在纸面上,落实速度缓慢,执行难度大,合作区不能真正享受到优惠政策。

经过整理,海外经贸合作区可能面临的政治风险,如表 5-6 所示。

表 5-6　海外经贸合作区可能面临的政治风险分析

风险类型	明显特征	主要成因	数据或案例
政局风险	政体动乱	东道国局势动荡	世界银行数据,越南龙江园区
政府质量风险	政府腐败及效率低下	东道国政府官僚主义严重	世界银行数据,越南龙江园区
违约风险	原始合同无法顺利执行	东道国信用缺陷	财经博客网站 Zerohedge 违约风险发生率热度图;越南龙江园区
政策风险	政策变化影响园区持续发展	东道国缺乏政策稳定性	泰中罗勇园区

资料来源:课题组整理而得。

综上所述,海外经贸合作区发展过程中可能面临着各种由于东道国制度等因素导致的政治风险,其成因综合复杂。尽管课题组尝试通过权威数据及园区案例对可能面临的政治风险进行分类,而且进一步分析了其主要特征及成因,这仅仅是理论上的分析,但实际上彼此间并不是孤立的,往往可能出现几个风险交叉伴生的情况。形成政治风险的原因很多,基于东道国和国际社会的不可控制因素,课题组认为,防控政治风险应该从政府和企业两个层面入手。始终将"防控风险不盲动"作为海外投资的前提。本着"注重预防、强化沟通、完善机制、及时处理"的风险防控思路,将风险防控融入海外投资全过程。

一是建立风险防范预警机制。建立海外经贸合作区所在国的国别风险信息发布平台,通过发布风险信息、促进政府磋商合作常态化、设计人身财产保护预案等具体措施,为企业海外经营保驾护航。

二是完善海外投资保险制度。由商务部门牵头,积极与有关我国政策性保险公司签订合同,为建区和入区企业提供国别风险分析咨询、投资保险、出口信用保险和担保等一揽子保险服务,降低突发事件对企业的负面影响,保障海外经营的可持续性,普遍提高受益面。

三是提供涉外法律服务。由政府部门牵头成立海外法律救济组织,由熟知各国法律法规、海外案件处理经验丰富、精通国际惯例的法律专家组成,对由于政策法规变化而导致的风险,及时进行干预与支持。

四是做好投资前风险评估。通过专业调查公司,获得东道国的投资环境分析报告,对该国投资的政治风险进行评估;通过实地考察,深入了解并掌握东道国政局、法律与文化等,进一步评估东道国的经济发展、政治稳定性和外商投资的优惠政策等。

五是采取联营或合作方式。企业可以尝试在东道国找到利益相关的合作伙伴，通过采取联营或合作方式，创建合资或合作企业，与东道国企业共同承担风险。这样，企业可以通过调整投资股权比例，将部分股权转移给东道国合作伙伴，将自身风险与东道国合作企业的利益产生关联，降低由于各种原因导致的政治风险。

六是强化企业风险管理能力。企业是投资风险处理的主体，只有不断提高针对风险的应对能力，企业才能不断提高投资收益，减少风险带来的损失。树立风险意识，适时掌握企业投资的可能潜在风险及其影响因素；完善企业风险防控体系，加强对于风险管理人才的引进和内部培养，从整体上提升企业风险控制力。

通过上述分析，目前国家级 20 个经贸合作区建设具有一定代表性，分析其区位分布、产业分布、园区演变等对其他园区具有一定可借鉴性。同时，对其运行机理的研究，进一步阐明了政府、园区、市场三者的关系，为我国推进海外经贸合作区建设提供政策参考。此外，我国海外投资由于当地政局动荡损失严重，课题组在投资的政治风险及其成因方面做了探索与分析，对于如何进一步防范投资风险有一定参考价值。由于海外经贸合作区建设周期较短，前后投资的变化较大，园区企业微观数据较难获取，从而也影响了计量方法的应用，因此仍有待进一步研究。

第六章 海外经贸合作区典型案例研究

本章对海外经贸合作区的典型案例进行收集和整理,并对案例展开一定的分析。八个案例包含了四种类型园区。案例来源主要有以下途径:牵头企业实地考察、管理部门访谈、当地权威报刊、专题会议资料、企业网站等。笔者尝试通过原始案例资料的收集与整理,为本领域相关问题研究提供研究素材。本章最后对八个案例进行进一步分析,结合第五章 20 个国家级海外经贸区发展的整体考察,归纳并总结合作区在发展过程中面临的一定困境及问题,为下一步提出政策建议奠定基础。

一、越南龙江工业园区

(一)园区简介

越南龙江工业园于 2007 年开始建设,是一家综合性工业园区。投资发展的主导企业是中国浙江前江投资管理有限责任公司。该园区的总规划面积为 600 公顷,包括 540 公顷的工业面积和 60 公顷的住宅服务面积,总投资为 1 亿美元。它是中国 20 个国家级海外经贸合作区之一,是浙江省"一带一路"沿线重点工程。该园区的主要股东为前江投资管理有限责任公司,园区项目由浙江协力皮革股份公司(40.5%)、诸暨海亮集团(19.0%)以及四川乾盛矿业有限公司(40.5%)共同投资。工业园地处前江省新福县,由于园区毗邻市内的一条高速公路,因此交通便利。与 Bourbon 港相隔约 35 千米,与市中心以及其他两个港口相距约 50 千米,对于货物的运送极为便利。总面积为 540 公顷,越南龙江工业园区主要以工业用地、基础设施用地、内部道路用地、绿化用地、仓库用地和服务用地为主。从图 6-1 中可以看到,越南龙江工业园区主要以工业用地为主,工业用地占据园区的绝大部分,以此吸引企业入驻。

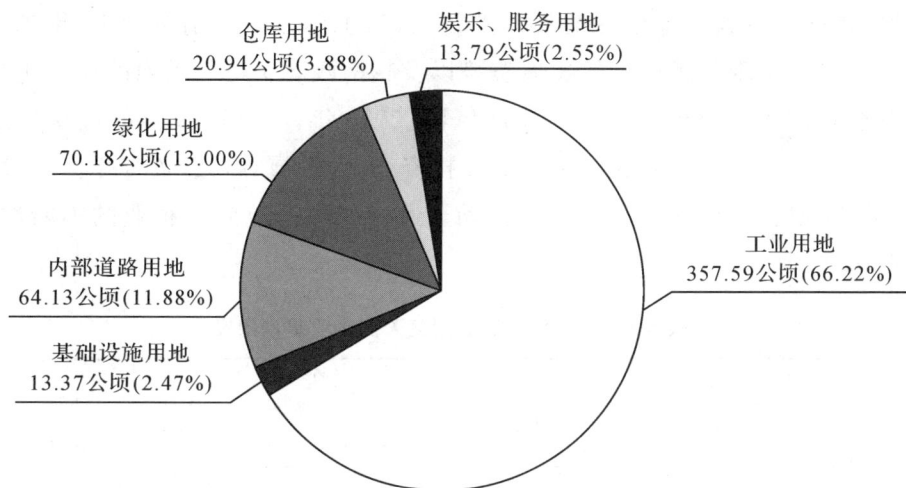

仓库用地
20.94公顷(3.88%)

娱乐、服务用地
13.79公顷(2.55%)

绿化用地
70.18公顷(13.00%)

内部道路用地
64.13公顷(11.88%)

基础设施用地
13.37公顷(2.47%)

工业用地
357.59公顷(66.22%)

图 6-1　越南龙江园区用地规划

资料来源：中华人民共和国商务部网站。

(二)发展现状

1.入园企业数量

截至 2017 年 5 月底,通过签发执照入驻龙江工业园的企业共有 36 家。2008 年越南龙江工业园区开始起步,引入 1 家企业进驻;2010－2011 年越南龙江工业园区呈现较快增长的发展趋势,每年进驻 4 家,其原因是越南龙江工业园区自创建以来不断地完善基础设施,实行一系列的优惠政策,从而吸引企业逐步进驻园区;2012－2013 年越南龙江工业园区累计进驻 4 家,增长较慢,其原因是 2011 年,中国巡逻舰驱逐越南石油勘探船,越南提出了强烈抗议,导致两国关系处于不稳定的状态以及越南国内存在的反华情绪比较高涨,导致了越南的投资环境呈现不稳定的状态,最终导致进驻园区的企业增长较慢;2014 年开始,越南龙江工业园区进入快速发展阶段,到 2017 年 5 月,累计投资 23 家,占总数量的 64％,其原因是我国实行"一带一路"的对外投资发展倡议以及中越两国关系的不断改善,投资环境稳定,因此,越南龙江工业园区由此进入了快速发展阶段,见表 6-1。

2.入园企业投资规模

越南龙江工业园区入驻的企业每年的投资金额以及进驻企业的数量整体上呈现不断增长的发展态势。其中,尤其是 2010－2011 年和 2015－2016 年,工业园区企业的投资金额的增长幅度较大,其主要原因分别是 2011 年越南政治稳定,经济呈现不断增长的发展态势以及越南政府实行一系列的税收优惠政策,为企业的入驻营造了良好的发展氛围;2015 年,"一带一路"倡议从顶层设计和规划走向逐步落实,我国扩大对外投资,大力发展对外经贸合作区,鼓励我国企业"走出去",这在一定程度上推动了越南龙江工业园区企业的不断增长,如图 6-2 所示。

表 6-1 越南龙江工业园区入园企业基本状况

年份	企业数量/个	投资金额/万美元	产业	国家
2008	1	5500	铜管	中国
2009	0	0	—	—
2010	4	1500	木制包装	中国、韩国
2011	4	37065	马达、饲料	中国、新加坡
2012	1	15000	购物袋、纤维等	韩国
2013	3	5000	塑料、纺织品等	日本、马来西亚、中国
2014	6	5412	不锈钢、塑料等	中国
2015	4	13610	生产、加工、皮革等	中国、英国等
2016	9	37710	生产、加工、饲料、服装	中国等
2017.1—5	4	5788	有色金属加工、手工艺品等	中国等
合计	36	122747	—	—

资料来源:http://ljip.vn/web/zh/。

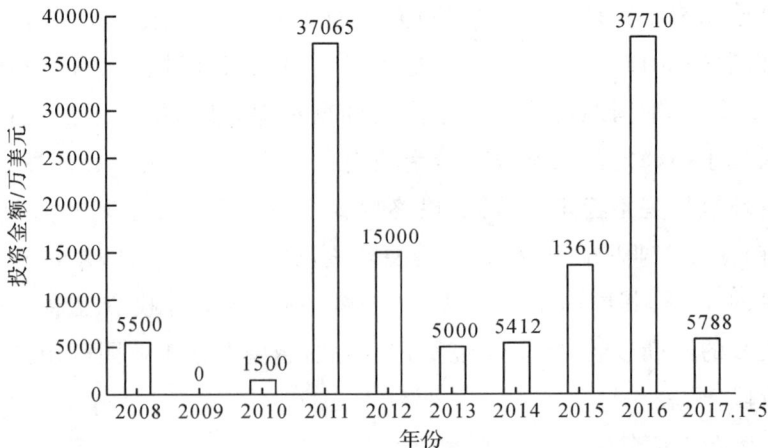

图 6-2 越南龙江工业园区投资金额的变化趋势

资料来源:http://ljip.vn/web/zh/。

3. 入园企业国别

如图 6-3 所示,入驻工业园区的中国企业有 27 家,韩国和日本各 2 家等,由此可见越南龙江工业园区入驻的企业主要是中国企业,其原因主要是越南龙江工业园区由中国企业投资建设而成,以及我国在"一带一路"倡议下推进对外投资,鼓励中国企业"走出去",从而营造良好的投资环境;近几年来,由于越南龙江工业园区不断完善基础设施以及越南龙江优越的地理位置等,不断吸引其他国家的企业进驻到园区中。进驻的企业主要以有色金属制造、木材加工、生产制造等为主,这主要由越南龙江工业园区独特的地理位置以及周边国家丰富的自然资源所决定的。

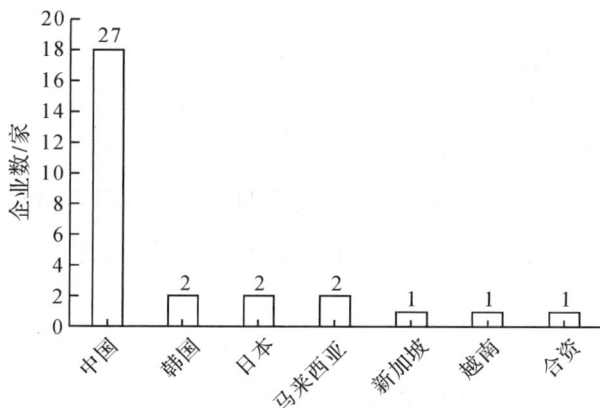

图 6-3　越南龙江工业园区企业所属国别统计情况

资料来源:http://ljip.vn/web/zh/。

4. 生产经营及效益状况

如图 6-4 所示,越南龙江工业园工业产值总体上逐年增长,2010 年到 2013 年,年度工业产值逐步增长,尤其是 2010 年到 2011 年增长的速度加快,这反映了越南龙江工业园区在起步阶段得到了快速的发展,2013 年到 2014 年增长的速度有所下降,2014 年到 2016 年增长的速度又加快,总体上反映了越南龙江工业园区的发展非常的迅速。总体上,越南龙江工业园自建设以来不断地发展,同时也给当地带来了快速的发展。

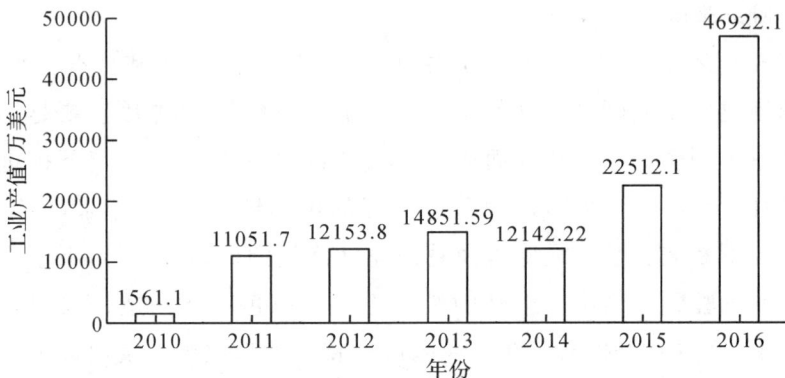

图 6-4　2010－2016 年越南龙江工业园区年度工业产值

资料来源：http://ljip.vn/web/zh/。

(三)选择越南的原因分析

龙江工业园之所以选择越南作为投资目标国，是因为越南具有优越的条件，其主要的优势体现在优越的地理位置条件、便捷的交通、充足且低廉的劳动力成本和完备的基础设施系统。

1. 优越的地理位置

越南龙江工业园距胡志明市中心、西贡港、协福港约 50 千米，距 Bourbon 港约 35 千米，进出口的货物可从越南龙江工业园区运输到各地十分便捷，由于新建设的胡志明市—中良高速公路路过越南龙江工业园区，所以交通十分的便利。此外，水上运输和空运也十分便利。因此，优越的地理位置以及便利的交通为越南龙江工业园区的发展奠定了坚实的基础。

2. 丰富的劳动力资源

越南龙江工业园区位于前江省内，而前江省人口目前大约为 180 万，年龄集中分布在 20～30 岁，大部分为年轻力壮的人员，这都为越南龙江工业园区的发展提供了丰富的人力资源。此外，前江省的员工工资普遍比中国国内的低，越南龙江的员工工资普遍集中在 350～500 元人民币，相当于中国国内工资的三分之一，所以企业入驻到越南龙江工业园区有着优越的人力资源优势。

3. 较好的政策环境

入驻到越南龙江工业园区的企业都享有特别优惠的税收政策，入驻园区的企业自有收入之年起享受 15 年的企业所得税优惠期,优惠税率为 10%,其中包括:自盈利之年起 4 年免税;后续 9 年税率为应缴税款额度的 50%。此外,投资商还获得对于构成固定资产的机器设备免进口税、对于越南未能生产的原料、物资及零件免五年进口税。还有优越的加工企业制度,专门出口大部分产品到国外的投资商可按加工出口企业规定登记成立运营以享受加工出口区的税收优惠政策。这在一定程度上为入驻企业的发展减轻了很大的负担,有利于企业前期缓解资金的困难。

4. 产业间集聚优势

越南龙江工业园区未来主要招商对象是制造业。从表 6-1 可以看出,目前园区内已有铜管、木制包装、马达、饲料、购物袋、纤维、塑料、纺织品、不锈钢、皮革、服装、有色金属加工、手工艺品等制造企业,从中研究发现园区企业之间所生产的产品是密不可分的,各个产业之间是彼此相互联系的,其中包装企业为园区内企业提供就近的包装服务,纺织品、纤维企业为服装企业提供原料等,园区内的企业依靠越南优越的地理位置以及越南周边国家丰富的资源等,最终促使企业之间集聚,从而促进了园区经济的不断发展。

越南龙江工业园区是我国在"一带一路"倡议下实行海外合作区发展的一次非常成功的模式,它为我国其他经贸合作区的发展提供了宝贵的经验,有利于各个经贸合作区的发展,这也为我国企业成功"走出去"奠定了坚实的理论基础。因此,越南龙江工业园区应该扩大合作园区在国际中的影响力,必须促使合作园区能够被各国普遍接受,最终促进俄罗斯乌苏里斯克海外经贸合作区的发展。扩大合作园区在国际中的影响力,可以促进我国企业和其他国家企业投资,鼓励各国企业"走出去",促进合作区的经济发展。此外,越南龙江工业园区应该积极提升资本市场的运行效率,以此让合作园区在任何建设发展所需要资金的时候能够及时应对,解决越南龙江工业园区融资困难的问题,最终促使越南龙江工业园区又好又快地发展。

二、泰中罗勇工业园区

(一)园区简介

泰中罗勇工业园从 2006 年开始建立,是中国商务部和财政部招投标确认的第一批海外合作区之一。经过 10 多年的发展,工业园已成为中国传统优势产业在泰国的产业集群中心与制造出口基地,并成为集制造、加工、物流、商贸和会展于一体、现代化大型产业综合性园区。该合作区基础设施相对完善、投资环境比较宽松、市场辐射影响能力较强及友好丰富的文化将成为我国企业去泰国投资设厂的首选。在全面对外开放的新时期,位于"一带一路"沿线的泰中罗勇工业园将更加积极发挥桥梁作用,加快引导国内传统优势产业集群式走出去,推进国内优势产业转型升级。园区的建立与发展应追溯到中泰两国关系与牵头企业华立集团股份有限公司(以下简称"华立集团")的国际化战略,梳理如下:

中国和泰国之间来往有着悠久的历史,不管是经济、政治还是文化方面,都有着友好合作。1975 年 7 月,中泰正式建交,恢复了传统的交往。中泰建交以来,双边关系得到良好发展,两国政治互信日益加强,经贸领域的合作成效显著,其他各领域的合作也不断扩大,进一步深化了中泰业已存在的友好关系。进入 21 世纪以来,中泰之间经贸合作发展迅速,双边贸易额也在逐年上升,投资环境的改善等利好因素,促进了更多中资企业到泰国进行跨国经营。尤其近年来中国积极推进"走出去"战略,更促使我国企业对外直接投资的发展呈迅猛之势。但自 1997 年金融危机以来,欧美逐年加大对中国反倾销的力度,各种贸易和技术壁垒不断升级,迫使大量中国外向型制造企业不得不通过海外投资来增加产品的产地多元化,以便拓宽国际化经营的渠道,寻求国际资源能源的互利合作,寻找更多新的经济增长动因。

华立集团是一家浙江省大型现代企业集团,产业主要有医药、仪表及电力自动化、生物质燃料、新材料、电力工程及贸易、海外资源型农业等。那时,我国国内对仪表的需求已饱和,市场竞争异常激烈。同时,华立集团在一些国家的投资受到了当地企业的共同抵制,遭受了各种不公平待遇。在上述背景下,华立集团计划到泰国开拓市场。华立集团首先结合自身优势产业,2000 年开始在泰国投资建立电表厂,并逐步被当地市场接受。经过发展,华立集团又计划在泰国建立投资平台,专为国内企业提供帮助。2005 年 7 月,华立集团与泰国开发商安美德集团合作,签署了共同合作开发"泰国工业园"的备忘录。次年 3 月工业园开始建设。2006 年 8 月,华立集团成为被商务部首批批准建立"海外经济贸易合作区"的中标企业之一,泰中罗勇工业园被认定为首批国家级"海外经济贸易合作区"之一,使我国传统优势产业在泰国有了产业集群平台,此工业园是现代化大型产业综合性园区,主要集制造、加工、物流、商贸和会展于一体。该合作区基础设施相对完善,投资环境比较宽松,市场辐射影响能力较强,富有友好的文化,已成为我国企业去泰国投资设厂的首选。

(二)发展现状

自 2006 年建立以来,经过十年多的建设和发展,泰中罗勇工业园现在已经成长为比较成功的国家级海外经贸合作区,园区定位为中国企业"走出去"的全方位服务商,现在又成为"一带一路"倡议在泰国的践行者,其泰国"工业唐人街"之势渐成。

1. 产业定位

泰中罗勇工业园的主导产业是建材、摩托车组装、汽车零部件制造、电子电气产品加工、机械产品加工等,未来工业园将重点引入家电、机械、汽配、建材、电子、电气等有比较优势的企业。通过协助中资企业入区投资建厂,合理化中泰两国的优势生产要素,提高中企产品在国际市场的竞争优势。

2. 园区规划

泰中罗勇工业园实际总体规划面积有 12 平方千米,并对工业园进行分区建设,其中包括保税区、一般工业区、商业生活区、物流仓储区等区域。其中,一期规划面积为 1.5 平方千米,二期规划面积是 2.5 平方千米,三期规划占地达 8 平方千米。园区计划投资 2 亿美元,而实际上所进行的投资额已达 1.96 亿美元。目前已经完成一、二期的开发和招商,超过 4 平方千米,基础设施不断完善,三期招商也在进行中。实际目前已经建立了保税区、一般工业区、物流基地、会展中心和配套的商业生活设施。

3. 引入企业

在泰中罗勇工业园建立后,大量国内企业慕名前来参观考察和投资建厂,主要是工业园首先完善了园区的投资环境,其次基础设施投资力度大,并提供全方位的服务。截至 2012 年 8 月底,一共有 42 家中资企业进入工业园,达到了 8.09 亿美元协议投资金额。已经开工投产的企业有 21 家,这些投产的企业的年销售额有 6 亿美元之多;处于建设或安装调试期的企业有 21 家。2013 年,我国的"一带一路"倡议,带动了中资企业在海外的投资热潮,工业园吸引了更多的企业前来入区建厂。截至 2015 年 12 月底,工业园共吸引了 72 家企业投资建厂,投资总额超过 15 亿美元。园区在招商之初就主要考虑到泰国在产品技术方面的需求,于是泰中双方实现了互利共赢。

依照园区总体规划,未来泰中罗勇工业园在招商中将有近百家中国企业进入园区,预计总年产值将达到 200 亿元甚至 300 亿元人民币。

4. 生产经营

截至 2009 年底,共计 20 家企业入区,累计投资达 2.27 亿美元;截至 2012 年 8 月中旬,总共入区 42 家中资企业,共计 8.09 亿美元协议投资金额。其中已开始生产的有 21 家,年销售额总计超过 6 亿美元;工业园于 2006 年 3 月开始开发建设,历时 7 年,截至 2013 年 3 月底,建区企业已完成投资 1.5 亿美元,平整土地 220 万平方米;入区企业 46 家,协议投资额 8.57 亿美元,实际投资 4.1 亿美元,其中已投产企业 26 家,在建企业 10 家,即将动工企业 10 家。中国企业 500 强有 8 家企业入园。建区企业和入区企业累计完成产值 13 亿美元,上缴泰国各级政府税费 6971 万美元,带动当地就业 2621 人。2014 年,入区企业已达年产值 15 亿美元,为泰国 1 万余人提供了就业岗位,交给当地政府的税收超过 7000 万美元,园区发展势头强劲,泰国的"工业唐人街"之称实至名归。截至 2015 年 12 月底,工业园共吸引了 72 家企业,投资总额达 15 亿美元。

(三)选择泰国的原因分析

1. 政治优势

1999 年 2 月,中泰两国签署了合作计划的联合声明,意味着两国在 21 世纪将本着睦邻互信的原则进行全方位合作,并确定了合作的指导方针和原则。据了解,在东盟的成员国中泰国是第一个与中国建立了战略性合作关系的国家,2012 年中泰决定将双边关系提升至全面战略合作伙伴关系新水平。该决定对中泰两国的和平发展影响深远。中方一直以来愿与泰方加强战略沟通,紧密携手应对各种挑战,加快推动各个领域的合作,双方都能够取得更大进展。

总结中泰建交 40 年来两国关系发展的历程,有一点非常关键,就是政治与经济关系的互相影响,中泰两国良好的政治关系为中泰经贸以及其他领域的合作打下了良好基础,而中泰经贸等其他领域的合作又推动了中泰两国政治关系新的发展,中泰两国的合作正是在政治与经济关系的互动中不断走向深化。

2. 地缘优势

东南亚地区是由中南半岛地区和海岛国家地区组成。泰国则地处中南半岛腹心地带，是中南半岛国家和海岛国家的连接点，位于东南亚地区的中心位置。尽管泰国与中国没有直接的领土接壤，但是中国云南省与泰国北部清莱府距离较近。泰国是连接中国西南部与东南亚、南太平洋的重要交通枢纽。泰国在东盟地区处于核心地区，是东盟的贸易往来、商贸物流和金融中心，在东盟与中国的来往之间起着重要桥梁作用。中国如果想对产业链进行新的布控，需要通过泰国进入东盟，以及大湄公河次区域。泰国是海上丝绸之路的重要一站，是"一带一路"建设的重要枢纽，中泰应抓住"一带一路"建设的契机，实现互利双赢。

泰中罗勇工业园处于泰国东部海岸罗勇府 331 号高速公路旁，距离廉差邦深水港和泰国首都曼谷较近，周边水、陆、空立体交通网络十分发达，距曼谷 100 多千米，距离素万那普国际机场 99 千米，距泰国最大的廉差邦深水港港口 27 千米。此外泰国与印度、欧美及日本等国关系较好，在泰国投资设厂的企业可以取得当地原产地证，达到原产地多元化，自然可以绕开各种贸易壁垒，也将大大减少中国和他国日益激烈的贸易摩擦。

3. 辐射优势

泰国是中国企业进入东盟和其他国际市场的重要桥梁，也是东盟成员国的广阔市场。该地区宽松的自由贸易空间和日趋完备的基础设施建设，将极大地提高我国产品进入国际市场的机会。利用泰国的自身优势，结合国内具有竞争实力的生产企业，通过工业园区的建设，把国内优势产业的产能向外转移，既是实施"走出去"战略的重要步骤，又是快速占领东盟市场的一条捷径；既能推动当前我国对泰贸易与合作关系的发展，又能促进中国和泰国进行资源与生产优势的互补，也可避免中泰直接贸易产生摩擦。

泰国是"一带一路"倡议构想上的重要节点，而合作区是实现这一战略构想的一个重要承接点。我国的"一带一路"倡议使泰国看到了经济发展的新机遇，于是泰国政府在 2014 年底推出重要的经济发展战略——设立边境经济特区，泰国政府的边境经济特区战略与中国提出的共建"一带一路"倡议是相契合的，是积极与我国的 21 世纪海上丝绸之路对接的。在这些战略的指引下，中国和泰国就可以在发展中相互配合，达到互利共赢。然而，泰国各边境经济特区内基础设施的不足,导致互联互通程度远远跟不上贸易和投资的需要,因此中国企业参与泰国投资将会受到泰国热烈欢迎。

4.经验优势

自 2000 年始,华立集团在不少国家建立了独资企业或合资企业,积累了相当丰富的海外投资经营经验,像泰国、阿根廷、印度、埃及和乌兹别克斯坦等国都有华立海外公司,其中在泰国的东南亚区域管理中心已经相对完善。另外华立在国内也成功开发了不少工业园,如重庆医药工业园、浙江宁波化工基地、杭州(滨江)医药工业园、仪表及系统工业园、上海浦东工业园、华正三板基地等,华立已经拥有了极为丰富的园区开发经验和大量的跨国人才;泰国安美德集团成立于 1989 年,是华立集团共建泰中罗勇工业园的合作伙伴,是泰国最大的上市工业地产开发公司,也同样具备了非常强的园区开发实力和丰富的园区开发经验。

"感动客户"是泰中罗勇工业园的招商理念,其对入园企业实行全天候"一站式"贴心服务,并成为工业园的一个亮点。为此园区抽调专业人员,特地成立专业服务团队,其中泰员工皆有,为有意愿入区和已经入区企业提供一站式投资服务。其中包括投资前对入驻园区进行政策咨询,并接待企业到园区进行商务考察,对有意在泰投资的企业提供公司注册咨询,为已入区企业协助土地产权办理、BOI 优惠申请,另外也提供工程承包、会计税务服务推荐、员工招聘与培训。如果企业需要在当地进入融资,也可以得到园区协助,并且这些协助工作都可以由讲中文的服务人员协助完成,为很多中资企业解决了语言不通的后顾之忧。

5.政策优势

为了推动那些有"走出去"意向却限于各种情况而无法成行的企业加快投资步伐,泰中罗勇工业园在"保税区"和"一般工业区"分别建设了"中资企业创业孵化区",为中企提供一些办公、生产性通用和仓储房屋,解决他们投资初期临时性办公、仓储、生产、现场工程管理以及开拓当地市场等需求问题。这一举措是合作区建设过程中的一大创新和特色,该"中资企业创业孵化区"的建立得到了商务部的高度肯定。具体来说"中资企业创业孵化区"的功能有主要有四点:

第一,为中小企业提供开拓市场时期的试生产场地;

第二,在部分入园企业自己盖厂房时为他们提供临时生产场地;

第三,在部分入园企业建厂和设备安装时期提供临时仓储、材料周转场地;

第四,在部分入园企业建厂及设备安装阶段提供现场办公用房。

"一带一路"倡议带来的开放型经济的纵深推进,营造了活跃的市场氛围,为泰国带来了更多的合作机会,而泰国政府也不失时机地鼓励投资,中国企业在泰国正在掀起新一轮的投资热潮。泰国作为"海上丝绸之路"的受惠国,必将在与中国的合作中发现新机遇。

三、俄罗斯乌苏里斯克经贸合作区

(一)园区简介

俄罗斯乌苏里斯克经贸合作区是由温州康奈集团与东宁吉信集团共同出资的康吉国际投资公司投资建设。2006 年 10 月,该园区得到国家商务部的批准,它是首批国家海外经贸园区之一。乌苏里斯克距离海参崴 100 千米,同时与黑龙江东宁口岸相距 53 千米,总占地面积大约 2.28 平方千米。该园区规划分三期建设,拟引进 60 家企业,总投资大约人民币 20 亿元左右。如表 6-2 所示,这是园区 2006—2011 年的发展规划,从中可以看出,在 2009—2010 年,园区的发展计划处于高速阶段。经过 10 多年的发展,园区设立商务区、生产加工区、物流区和生活服务区,基础设施逐步完善,合作园区内引入建材、电子、机械制造、木材加工等企业,并形成海外产业集聚。

表 6-2　乌苏里斯克合作园区三期的发展规划

时间	企业数量/家	投资额/亿元
2006 年 8 月—2008 年 12 月	18	8
2009—2010 年	26	8
2011 年	16	4

资料来源:中国经济网。

(二)发展现状

1. 产业定位

该园区产业定位主要是服装、鞋类、电子、建材、木业等。园区主要实行优惠的政策以及利用园区独特的优势,吸引国内企业"走出去",到此经贸园区内发展,以此达到中国和俄罗斯两国的优势能够相互的结合,从而实现双方的共赢,最终得到不断发展。

2.园区功能

俄罗斯乌苏里斯克经贸合作区总的规划建筑面积大约为 163 万平方米,园区功能主要分为生产加工区、商务区、物流区、生活服务区。如图 6-5 所示,其中,生产加工区占地面积约为 105 万平方米,商务区占地面积约为 8 万平方米,物流区占地面积约为 20 万平方米,生活服务区占地面积约为 30 万平方米,从中可以看出俄罗斯乌苏里斯克经贸合作区生产加工区的规划占地面积是最大的,这也是为了后续的发展奠定基础,为入驻企业的生产发展提供充足的空间。

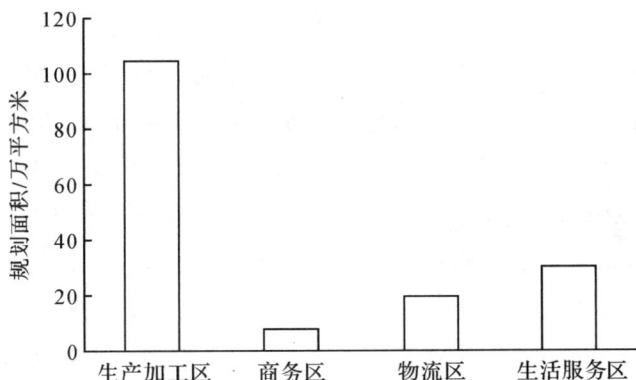

图 6-5 乌苏里斯克经贸合作区各区规划面积分布情况

资料来源:中华人民共和国商务部网站。

3.入园企业

目前,俄罗斯乌苏里斯克经贸合作区大概引入企业主要是服装、鞋类、建材、电子、木材加工等。根据海外经贸合作区企业的总体发展情况来看,园区引入企业的情况是:截至 2014 年底,经贸合作区已经引进国内的企业 27 家。其中,包括华罗鞋业、阳光鞋业、天利鞋业、天马鞋业、吉信木业等 27 家国内企业(见表 6-3)。

表 6-3　合作园区引入企业汇总

序号	企业名称	行业属性
1	鑫尔泰鞋业	鞋类
2	宏盛达鞋业	鞋类
3	伊斯利鞋业	鞋类
4	诚和鞋业	鞋类
5	兴特鞋业	鞋类
6	荣光鞋业	鞋类
7	名鸟皇鞋业	鞋类
8	阳光鞋业	鞋类
9	鑫尔泰（新线）鞋业	鞋类
10	天马鞋业	鞋类
11	天利鞋业	鞋类
12	明泰鞋业	鞋类
13	华罗鞋业	鞋类
14	森楠鞋业	鞋类
15	吉信木业	木业
16	利吉尔家具	家具
17	超界服装厂	服装
18	金隆昌服装厂	服装
19	东方彩印厂	印刷
20	圣吉木业	木业
21	福联窗帘厂	纺织
22	康福塑钢厂	不锈钢
23	华阳鞋业	鞋类
24	冠臣鞋业	鞋类
25	鸿滕塑材厂	钢材
26	汉能太阳能发电厂	能源类
27	火炬手套厂	纺织

资料来源：中华人民共和国商务部网站。

4.经营状况

目前,园区发展最快的就是鞋类加工区,已经建立了四条生产加工线,发展比较迅速。鞋类的加工企业基本都是从国内运输来的半成品,然后再在园区内由当地的工人进行加工,之后再投向周边国家进行销售。因为园区内的鞋类企业基本都是在俄罗斯当地注册了商标,所以不会受到灰色清关的影响,并规避了风险,进一步消除了园区内企业所遇到的困难,加上这种连锁经营模式拥有一种低成本、运输周期短、利润高的优势,所以园区内的企业能够得到迅速的发展。经贸合作区得到了迅速的发展,为此,吸引了国内的众多企业来合作园区进行洽谈。截至 2014 年底,俄罗斯乌苏里斯克经贸合作区已经有 27 家企业进驻到园区内,由此可见,合作区得到了迅速的发展。

(三)选择俄罗斯的原因分析

1.政治因素

近年来,中俄两国一直建立互助互信的合作关系,两国一直注重双方的友好协作的战略合作关系。两国都彼此互办"国家年",以此来促进两国的友好关系,实现互利共赢。中俄两国领导人共同签署了一系列的联合声明,以此加深两国互助友好的协作关系。近年来,国家主席习近平到俄罗斯访问,俄罗斯总统普京也到中国访问,双方开展互助友好协作关系,以此促进两国在各方面的合作关系,从而实现双方的友好协作关系。两国稳定友好的政治关系为合作区的经济发展奠定了稳定的基础,有利于吸引我国企业进驻到合作园区,为园区内企业的发展提供安全保障措施。

2.地理因素

俄罗斯乌苏里斯克经贸合作区的地理位置优越,其中乌苏里斯克是滨海边疆区的第二大城市,它与我国的东宁口岸仅相距 53 千米,距海参崴只有 100 千米,交通便利。此外,铁路也十分便利,因为乌苏里斯克位于中东铁路和西伯利亚铁路的交会处。俄罗斯乌苏里斯克经贸合作区与我国相距较近,与我国有着很好的地缘关系,我国也有很多商人在此地进行贸易活动。基于此种关系,俄罗斯乌苏里斯克经贸合作区能够吸引更多的国内企业入驻到合作园区,从而能够促进合作区不断发展。

3.规避贸易壁垒

我国自加入世贸组织以来,广泛融合到世界经济潮流中去,国际贸易发展迅速,但是由于国际贸易的起点低、起步晚,在全球贸易格局中仍处于较为边缘的位置,国际分工中处于价值链的低端,长期靠低廉劳动力优势、环境代价等粗放的手段参与国际竞争,外贸发展受到国际经济的绑架,国际市场的波动对我国的外贸经济产生直接深远的影响。此外,随着中国外贸的长足发展,有关的贸易摩擦不断增多,甚至出现专门针对中国某些产业集群的贸易壁垒,这也说明我国在改变国际贸易格局的路上依然是障碍重重。1998 年全球金融危机以来,俄罗斯对来自中国的多种产品实行贸易壁垒,其中鞋类就是"重灾区",曾经经历灰色清关等。

通过集群式海外投资在国外进行生产,可以改变出口产品的原产地,将"中国制造"转变为"东道国制造",由从中国出口变为从东道国出口,从而有效地绕过贸易壁垒,规避贸易救济措施,减少贸易摩擦。

四、乌兹别克斯坦鹏盛工业园

(一)园区简介

乌兹别克斯坦鹏盛工业园位于乌兹别克斯坦共和国锡尔河州,距首都塔什干市约 70 千米。鹏盛公司位于乌兹别克斯坦共和国锡尔河州锡尔河区,东临塔什干州,西接吉扎克州。其位于乌兹别克斯坦地理要冲,交通十分便利,距塔什干首都仅 70 千米。园区占地 102 公顷,由中国温州市金盛贸易有限公司投资创建,投资总额约 9000 万美元。已经建成包括标准厂房、仓储、办公楼、员工宿舍以及后勤服务中心在内的建筑共 16 万多平方米,同时还建成了铁路专用支线、天然气变送站、110 千伏双回路专用变电站、污水处理系统、产品检测中心和海关监管仓库等完善的配套设施。

2009 年 3 月,工业园项目获国家商务部海外投资许可证书并正式启动,同年 5 月与乌兹别克斯坦外经贸部签署了投资协议,并获得了乌兹别克斯坦总统先生签发的 1139 号总统令,对园区建设和生产所需的设备、材料等给予了免税的优惠条件。园区于 2009 年 9 月 9 日开工建设,是首个中国民营企业在乌兹别克斯坦投资并被两国政府认可、批准的项目。2013 年 3 月,园区被乌政府批准为吉扎克工业特区在锡尔河的分区。2014 年被确认为浙江省省级海外经贸合作区,2016 年经商务部、财政部批准升级为国家级海外经贸合作区。园区建设经营过程中多次得到中乌两国政府的表扬,成为中国在乌投资民营企业成功的范例之一。

(二)发展现状

1.入园企业

尽管该园区起步较晚,但自开工后发展较为顺利。据牵头企业提供的数据,截至 2017 年 5 月,园区已累计投资约 9940 万美元,建成包括标准厂房、办公大楼、员工宿舍以及后勤服务中心在内的建筑共 16 万多平方米,已入驻瓷砖、制革、制鞋、手机、水龙头阀门、卫浴、宠物食品和肠衣制品等企业 11 家,园区内企业关联度较高。入园企业协议入股,股权双方自定,实行盈利连带模式,责任共担,利益共享。这一模式跟其他园区有很大区别,也是鹏盛工业园吸引投资者的强有力保证。

(1)瓷砖厂项目:生产能力 480 万平方米瓷砖,产品覆盖乌兹别克斯坦及其他中亚国家;

(2)蓝皮成皮生产项目:年生产能力 60 万张牛皮,20 万张羊皮;

(3)制鞋生产项目:年生产能力 30 万双;

(4)手机生产项目:联合中兴通讯股份有限公司建成年产 10 万部智能手机的制造厂,年工业产值约 380 亿苏姆,出口额约 190 万美元,新建生产厂房 1850 平方米;

(5)宠物食品生产项目:宠物食品年产量 1000 吨;

(6)水龙头及阀门生产项目:联合乌兹别克斯坦阿尔马雷克矿冶公司建成水龙头及阀门制造厂,年生产水龙头 120 万个,工业产值约 300 亿苏姆,出口额约 5000 万美元,厂房面积 10560 平方米;

(7)肠衣加工生产项目:年生产加工牛、羊肠衣 1000 吨。

2.产值及税收

到 2013 年底为止,园区已建成标准厂房及配套设施共 10 万多平方米,累计完成投资约 4200 万美元。2013 年园区完成工业产值近 5600 万美元,出口创汇约 3200 万美元,纳税超过 500 万美元。目前园区员工总人数已超过 1100 人,其中本地员工占 80% 以上。项目全部投产后园区的年工业产值将超过 1 亿美元,出口将超过 5000 万美元,并为当地创造就业岗位超过 1200 个。

3.社会责任

园区 2011 年设立了一个鹏盛慈善基金会,每年都会有一笔专款用于当地民生建设。截至 2016 年底,总共用于基金会的金额达 230 万美金,用于资助当地学校教育,如教具电脑等;资助当地居民的日常生活,如粮食、鞋等生活日用品。同时与大使馆一起花费 200 多万美金在当地设立一个生态公园,公园内球场、游泳池、商业中心、培训中心等基础设施一应俱全,堪称民生工程,因此当地居民以及政府跟园区关系也是相当友好。

(三)选择乌兹别克斯坦的原因分析

1.区位优势

乌兹别克斯坦地处中亚腹地,是"一带一路"上的重要支点国家。其北部和东北与哈萨克斯坦接壤,东部、东南部与吉尔吉斯斯坦和塔吉克斯坦相连,西与土库曼斯坦毗邻,南部与阿富汗接壤。目前,乌兹别克斯坦已建立纳沃伊自由经济区、安格连自由经济区、吉扎克自由经济区及其锡尔河分区。其中,中乌鹏盛工业园区位于吉扎克自由经济区,地处锡尔河州,距首都塔什干市约 70 千米,地理位置优越,为后期园区产业的集聚奠定了基础,有利于吸引更多的企业进驻到园区。

2.政策环境

大力吸引外国投资是乌兹别克斯坦的一项重要国策,乌兹别克斯坦颁布的《外国投资法》和《外商活动保障法》规定的优惠政策,总体上对外国投资者是有利的。乌兹别克斯坦对鹏盛工业园区实行了一系列的优惠政策,以此促进园区的建设与发展。比如,乌兹别克斯坦政府发了《1139 号总统令》,对鹏盛工业园区生产所需要的设备工程、配套的相关设备以及设施进行了免税。自工业园区项目运行开始,7 年内,乌兹别克斯坦政府免除投资者一系列的税费:所得税、财产税、城市配套设施和社会基础设施发展税等税费,出口的商品销售额在征收增值税时为零关税。

3.资源丰富

皮源、高岭土、铜资源都是园区赖以生存的原材料,园区利用当地这些原材料进行皮鞋、瓷砖以及铜饰品等商品的生产,原材料成本比较低,利润空间比较大;劳动力资源比较丰富,且普遍偏年轻化,受教育程度比较高,工资标准较国内而言却相对较低;能源价格比较低,天然气和电力资源比国内要优惠很多,从

2012年4月1日起每千瓦时的收费标准是:餐饮服务业99.5苏姆(按2012年4月1日乌央行官方汇率合0.054美元),广告业110苏姆(合0.06美元),其他用电为97.5苏姆(合0.053美元)。

园区最先投资起源于皮源。2005年温州皮革行业因其污染等问题面临整顿危机,而且当时的皮源大部分都是由内地以及西北运输过来的,为了寻找更加优质的皮源,以及进行产能转移,园区的三个股东到各地进行调研走访,从新疆到哈萨克斯坦,最后转到了乌兹别克斯坦。乌兹别克斯坦是农牧业国家,农业畜牧业为主,皮源比较多,在那开始开了一家皮革厂。最后在温州市商务局以及大使馆的大力帮助下,乌兹别克斯坦鹏盛工业园得以最终建立。

中国与乌兹别克斯坦的关系始终保持健康稳定的发展势头,乌兹别克斯坦是中亚地区政治、经济、文化、交通的中心。"一带一路"倡议得到乌政府及社会各界的广泛支持。乌兹别克斯坦将在未来"一带一路"建设中扮演重要的角色,鹏盛工业园也将迎来新的发展契机。今后鹏盛工业园在发展好现有产业的基础上,将进一步拓展建筑材料、真皮制品、灯具和五金制品、电机电器、农用机械、轻纺及纺织品等行业。同时,乌兹别克斯坦是农业大国,以农业为主,其当地政府想要依托鹏盛工业园进行农业项目的开发,给当地做农业示范,提供技术支撑。鹏盛工业园负责人也积极配合这一想法,积极联系浙江农科院、浙江大学农生院、浙江省农业厅等有关部门专家,组建了一个考察组,进行实地走访调研,考察适合当地土壤、气候、地理位置等方面的农作物,改善当地的农业水平,促进中乌双方友好发展。

五、埃塞俄比亚东方工业园

(一)园区简介

埃塞俄比亚位于非洲东北部,东与吉布提、索马里接壤,西与南苏丹和苏丹交界,南邻肯尼亚,北接厄立特里亚,面积110.36万平方千米,人口1.12亿。埃塞俄比亚被称为非洲的屋脊,平均海拔近3000米,四季如春,年平均气温16℃。埃塞俄比亚官方语言为阿姆哈拉语,通用语言为英语,货币名称为埃塞俄比亚比尔。埃塞俄比亚是非洲航空枢纽,去往非洲大陆其他国家的飞机绝大部分都在埃塞俄比亚中转,我国北京、上海、广州、香港每天都有航班直航埃塞俄比亚,航程约 12 小时。埃塞俄比亚政局长期稳定、治安良好,是非洲最清廉的国家之一。埃塞俄比亚是我国"非洲新战略"推进的重要枢纽,联合国非洲经济委员会(ECA)及非洲联盟(UA)的总部均设在首都亚的斯亚贝巴,因此,亚的斯亚贝巴也被称为非洲的政治首都,埃塞俄比亚重视与邻国及西方和中东的关系,特别是与我国保持了长期友好关系。

　　埃塞俄比亚东方工业园是中国在埃塞俄比亚唯一的一家国家级海外经贸合作区。工业园得到中埃两国政府的大力支持。合作区于 2007 年 11 月通过商务部财政部的海外经贸合作区招投标,并于 2015 年 4 月通过商务部财政部确认考核。埃塞俄比亚政府把工业园作为"可持续发展及脱贫计划(SDPRP)"的组成部分,列为国家工业发展计划优先发展项目。由总理牵头成立了工业园筹划委员会和技术指导委员会,每三个月召开一次会议,来解决园区发展的问题;以东方工业园为模板,埃塞俄比亚政府制定了《工业园法》。东方工业园位于埃塞俄比亚奥罗莫州两个 60 万人口的德布雷塞特镇和杜卡姆镇之间。距离埃塞俄比亚首都亚的斯亚贝巴、博莱国际机场 30 千米,距离吉布提港 850 千米。通往吉布提的埃塞国家公路和铁路,位于园区大门北侧。

　　工业园协议规划总面积 5 平方千米,目前取得土地权证 4 平方千米,其中一期开发面积 2.33 平方千米已基本完成。目前园区已完成投资 1.2 亿美元,完成"四通一平"建设,拥有近 25 万平方米标准型厂房、3.5 万平方米绿化、日处理 3000 吨污水处理总站、3000 平方米一站式服务办公室、3 幢 18500 平方米员工住宅宿舍楼、1 幢 3024 平方米综合食堂。园区二期 1.67 平方千米于 2016 年底开工建设,于 2017 年底建成。园区规划入园企业 50 家,其中包括联合利华等外资企业 6 家,企业协议总投资 4 亿多美元。遵照我国园区发展模式,园区组建了"管委会",并构建完整的组织机构来为园区企业进行服务。埃塞俄比亚工业部、奥罗米亚州政府派驻 4 名专职官员参与工业园建设和管理。埃塞俄比亚政府海关、商检、税务在园区设立办事处,形成"一站式"窗口服务。

　　目前,工业园已经成为江苏乃至中国在埃塞俄比亚的形象工程、中国企业走进非洲的良好平台、国内产业转移的优良载体。七年来,国务院副总理汪洋、刘延东,中央书记处书记赵洪祝等领导莅临视察指导。各级领导都充分肯定工业园开发建设的成绩,并指示相关部门大力扶持。有 30 多批次的国家和部委领导先后亲临工业园视察指导,也有国务院总理李克强的关心、扶持。同时,作为埃塞俄比亚经济发展的典范,埃塞政府代表团多次到园区考察,苏丹副总统及政府代表团两次考察东方工业园。

(二)发展现状

截至 2016 年底,园区已完成实际投资 2 亿多美元,21 家企业已经投产(见表 6-4)。园区总产值 5.5 亿美元,上缴东道国税费总额 4100 万美元,为东道国解决就业 8000 人。[①] 已入园企业涉及水泥生产、制鞋、汽车组装、钢材轧制、纺织服装等行业。

1.入园企业

工业园占地 5 平方千米,采取"总体规划,分期实施;建设与招商同步,开发与使用同步;以园养园,滚动式发展"的市场化运作模式,规划形成居住用地、商贸用地、工业仓储用地、道路用地、市政公用设施用地、绿化用地这六大类规划布局。跨国公司在投资地的决策过程实际上是不断探索与学习的过程,在这一过程中,跨国公司结合投资地的特征,不断地调整投资地在其全球生产网络中的地位,这就是滚动式的本地化战略。2008 年第一家企业入园后,2010—2013 年企业入园速度加快,2014 年开始有所放慢,仅引入 1 家企业,2015 年没有引进企业,2016 年引进 3 家企业。

表 6-4 埃塞俄比亚东方工业园内企业

序号	企业名称	入园时间	主营业务
1	中舜水泥制造有限公司	2008 年	水泥
2	东方水泥租赁公司	2008 年	经营工程设备的租赁服务
3	东方大酒店有限公司	2008 年	商务、餐饮、住宿一条龙服务
4	扬帆汽车有限公司	2010 年	汽车组装、销售及售后服务
5	LQY 制管有限公司	2010 年	生产焊接钢管
6	L&J 工程制造有限公司	2010 年	水泥砖块和管道的来料加工业务
7	玉龙科技建材有限公司	2010 年	生产销售石膏板、石膏粉、石膏砌块等石膏制品
8	长城包装制造有限公司	2010 年	生产销售一般类型的各种包装材料
9	华坚国际鞋城(埃塞)有限公司	2011 年	生产女式凉鞋

---

① 参见埃塞俄比亚东方工业园官方网站数据。

（续表）

序号	企业名称	入园时间	主营业务
10	东方水泥股份公司	2011 年	行政、人事管理以及销售、结算、物流和仓储业务
11	野马汽车制造有限公司	2011 年	从事皮卡汽车的组装、销售和新品研发
12	埃塞塑料回收制品有限公司	2013 年	业务废旧塑料回收造粒
13	汕德卡零配件制造有限公司	2013 年	中国重汽、依维柯、丰田、五十铃等车型的滤清器及制动器衬片
14	辉煌实业有限公司	2013 年	EVA 拖鞋、运动鞋、沙滩鞋及密胺餐具
15	东方钢铁有限公司	2013 年	螺纹钢、线材
16	悦晨实业私营有限公司	2013 年	生产头巾等产品
17	东方纺织和印染有限公司	2013 年	纺织印染，主要有阿拉伯头巾生产线和两条印花染色生产线
18	林德服装有限公司	2014 年	纺织、牛仔裤生产线
19	三圣（埃塞）药业有限公司	2016 年	医药生产
20	汉盛金枫达公司	2016 年	生产 HDPE 给水管材、HDPE 双壁波纹管、UPVC 给水管材、CPVC 电力管等管材产品
21	ETG 食品加工有限公司（印度独资）	2016 年	业务食品加工

资料来源：园区网站。

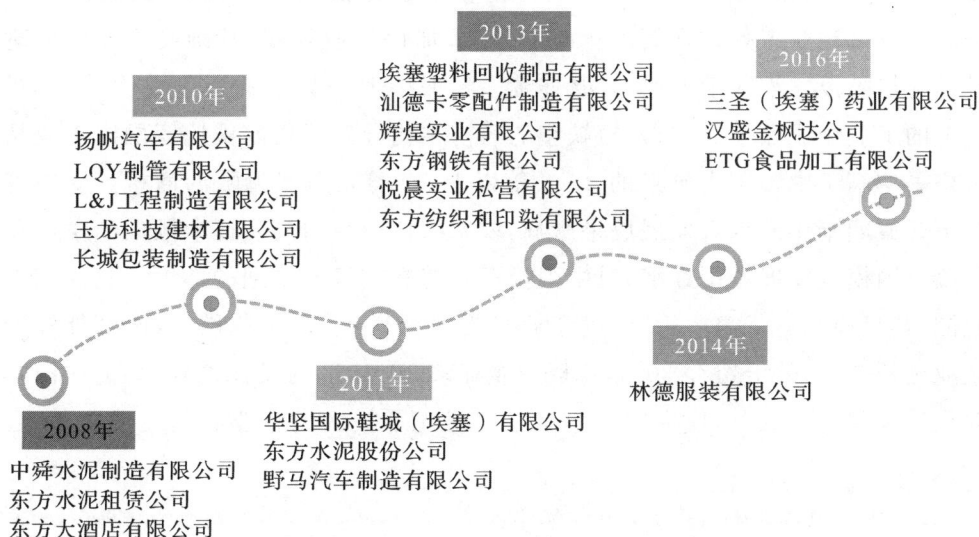

图 6-6　埃塞俄比亚东方工业园年度入园企业(2008—2016 年)

2.产业分析

对园区企业进行产业分类,可以大致分为三类,即建材类、轻工类、化工类。企业间关系,从资源利用的角度看,对于工业园中产业链紧密的工业企业应集中布置,便于物资运输。上下游企业的链接主要有两种方式,一种是下游企业利用或者消解上游企业的副产品、废弃物以及余能,形成生态工业链;另一种是上游企业的主产品作为下游企业的主要原料,形成产品链。从产业内与产业间角度看,产业内企业关系更为紧密,而后者相对松散。详情见表6-5。

表 6-5　埃塞俄比亚东方园区工业区产业划分

序号	产业类型	具体产业门类名称
1	建材类	机械、五金
2	轻工类	服装鞋帽、印染、食品、包装
3	化工类	化工、塑料、皮革

资料来源:笔者整理。

(三)选择埃塞俄比亚的原因分析

1.政策环境

埃塞俄比亚现政府自1991年执掌政权以来,政局较为稳定,实行对外开放政策,推行市场化和私有化改革,为外国投资者提供保护和服务,鼓励外商投资。埃塞俄比亚正处在全面深化改革开放,加快工业发展、基础设施和城市建设的起步阶段。埃塞俄比亚 GDP 连续多年保持10%以上的高速增长,但90%以上的工业制成品依靠进口,短缺型的经济结构导致了埃塞俄比亚国内工业品价格平均高于中国国内价格的 2～3 倍以上,市场充满着无限的商机。受中国改革开放四十年的巨大发展成果影响,埃塞俄比亚政府高层逐渐倾向于学习和借鉴中国模式发展本国经济,对中国投资者持有友好和欢迎的态度。具体到工业园,其目前享有优惠政策,区内企业享受所得税 4～7 年免税期,比区外外资企业延长 2 年,外汇留存30%,比区外企业多10%,区内设保税仓库,为区内企业提供保税业务服务,埃塞国家船运公司优先承接区内企业海陆运输服务,运费低 5%。

2."埃塞俄比亚制造"的零关税优惠

埃塞俄比亚是东南非共同市场、非洲、加勒比海和太平洋地区等区域组织成员,作为最不发达国家,还享受美国《非洲增长与机遇法案》和欧盟"除武器外一切都行"等关于非洲产品免关税免配额的政策,对周边及美欧国家出口具有一定的便利。在埃塞俄比亚生产的几乎所有产品可免关税、免配额进入美欧市场,出口至加拿大、日本、新西兰等国家和地区的绝大多数产品均享受零关税待遇。埃塞是"东南非共同市场(COMESA)"的成员,产品可以在优惠条件下进入21个成员市场。由此,工业园生产的产品贴上"埃塞俄比亚制造"的标签,便可以畅通无阻进入世界市场。

3.丰富的天然资源

埃塞俄比亚蕴藏着丰富的瓷砖生产原材料,包括高岭土、石英石和长石,特别适合于陶瓷企业,还有棉花不仅价格比国际市场低而且货源充足,对棉纺企业来说很有优势;农产品加工业也是一个很吸引人的行业,埃塞俄比亚的芝麻、油菜籽、大豆无论在价格、质量和产量上都占有优势,目前大多数出口的农产品都未经加工,而加工后再出口的增值率将会更高;埃塞俄比亚人口有1.12亿人,失业率高达40%,因此潜在劳动力资源丰富,薪资水平较低,全国政府部门和国有企业人员月平均工资450比尔(160元人民币);埃塞俄比亚的工业用电价格不高,平均每千瓦时的价格相当于人民币0.3元左右。埃塞俄比亚工业成本低廉,全国约有3000万劳动力,普通劳动者月平均工资人民币300元左右(劳动能力约为我国劳动者七成),电价约人民币0.1元每千瓦时。

4.完备的内配套服务

◎提供对当地商务考察调研服务及法律政策咨询,包括投资和工作许可、企业注册和有关登记、报关报税、商检、物流仓储运输、商务会展、与当地政府和机构协调中介服务等;

◎提供水、电、道路、污水处理、通信服务等基础设施配套服务,实行双回路供电保障服务;

◎提供产权清晰的建设用地、标准型钢结构厂房及仓库的租赁、物业管理及生活配套服务设施、安全保卫服务及突发事件紧急救援服务等;

◎提供企业所得税优惠,出口型入园企业有权享受七年(五年加两年)的免税期,面向当地市场的企业有权享受四年(两年加两年)的免税期;

◎提供"一站式"服务,埃塞海关、税务总局和埃塞质量标准局在工业园内设立办事处,为入园企业提供"一站式"服务,对入园企业的进出口物资进行现

场检验;

◎提供园区设立保税仓库,为进口原材料用于出口的入园企业服务;

◎提供埃塞船运和物流公司的运价优惠和优先承运服务;

◎入园企业可使用租赁权、厂房建筑物、生产设备及企业的业务作为抵押,向埃塞银行机构来获取流动资金贷款;

◎提供埃塞电信公司将通信连接到工业园内各终端用户或者各入园企业的免费服务;

◎提供入园企业根据相关规定可以购买免税进口汽车的服务;

◎埃塞相关政府机构组成了"东方工业园指导委员会",每三个月召开一次联席会议,商讨和解决工业园及园区企业在实施和运营中遇到的问题。

东方工业园在"一带一路"倡议的指引下,积极探索海外工业园发展模式,不断推进工业园区规划建设,改善投资和营商环境吸引外来投资,承接国际产能,提升自身在国际产业链上的位置,早日成为江苏乃至全国产能转移示范区。区内企业在形象、品牌、质量上要提升能力,要做精做强更上一个层次,突出产业特色,打造核心竞争力,能代表国家与欧美品牌相媲美。埃塞方面也希望东方工业园能加快建设,在 4 平方千米土地开发完成后,继续扩大建设,到 2020年,把园区范围扩展到 12.5 平方千米,再用 5 到 10 年时间继续扩大到 25 平方千米,建设一个现代化的工业新城。打造成以东方工业园为枢纽,将毗邻的两个镇连接起来,形成一个拥有 500 家以上企业、占地 100 平方千米左右的经济特区。

六、匈牙利中欧商贸物流园区

(一)园区简介

中欧商贸物流合作园区(以下简称"中欧物流园")是根据国家商务部统一部署,按照"一区多园"的模式建造,是我国在欧洲地区建设的首个国家级海外经贸合作区和首个国家级商贸物流型海外经贸合作区;2012 年获得商务部批准,山东帝豪国际投资有限公司在匈牙利投资建厂。2015 年 4 月,商务部和财政部确认,中欧商务物流合作区是国家级企业,是高层次的对外经济贸易合作区。

2013 年,中国国际工程咨询公司完成园区总体规划,规划总投资 2 亿欧

元,占地面积 0.75 平方千米,建筑面积 47.95 万平方米。一期计划投资 4000
万欧元,收购例如不来梅港物流园等相关企业,来扩大企业的业务范围和完善
服务。中远期计划投资 16000 万欧元,建设中国商品会展推广中心、欧洲商品
交易展示中心、商贸中心仓储物流园区综合体,2017 年全面建成中欧商贸物流
合作园区。匈牙利中欧经贸物流合作园划分为发展和建设两个阶段。该项目
一期工程已经建成投入运营,总投资 4000 万欧元,占地面积 2.5 万平方米。第
二阶段计划建设 13 万平方米,投资 1.4 亿欧元,包括匈牙利布达佩斯物流园以
及商贸物流合作电子商务平台。

(二)发展现状

中欧物流园区成立于 2012 年 11 月,是由山东省政府授权确认、由山东帝
豪国际投资有限公司确认的商业物流服务园区,集展览、展销、贸易、体验、仓
储、配送、物流、分销、信息处理、分销加工、办公、生活于一体的商贸物流服务平
台,为园区企业和中国企业入驻欧洲提供便利和服务。2015 年 4 月,园区被商
务部和财政部认定为国家级首家商贸物流合作区。该园区采用"一区多园、两
地展销、双向代理、内外联动"的运营模式,商贸物流网络涵盖中东欧 27 个国家
和地区,园区先后有 175 家商贸物流企业入驻,年贸易额达到 2.96 亿美元,物
流强度达到 139 万吨/(平方千米·年),形成了以商品展示、推广、批发、零售为
主的商贸服务业态,以货物仓储、运输、集散、流通加工为主的物流服务业态。
一个以集商贸和物流服务为一体的新型产业发展模式日趋成熟。

目前物流园区旗下有 CECZ 贸易中心股份公司、CECZ 物流园管理责任有
限公司、CECZ 物流园管理(德国)责任有限公司,园区入驻企业 175 家。海外
商贸物流型园区表现出示范性作用好、带动作用大、产业集聚效应显著的特点,
为我国"走出去"和"一带一路"倡议提供了新的支点,对我国出口贸易方式转变
将发挥积极的推动作用。

就目前发展阶段来看,主要是利用现已投入运营的匈牙利中国商品交易中
心现有场地,打造"中国品牌产品体验中心"和"山东产品中欧展示和营销中
心"。同时,对营业执照产品展示厅、家具家居用品展示厅、食品和日用品等展
区进行调整、改造和扩大。用尽可能短的时间,尽可能少的投入,尽快在中欧和
东欧形成一个强大的辐射中国的产品集散地。目前,园区项目主要包括:电子
产品、数码产品、家用电器、汽车配件、摩托车配件、改装配件、自行车、电动自行

车、户外休闲用品等,新能源包括太阳能、热水器、热力设备等包罗万象。

(三)选择匈牙利的原因分析

1.优越的地理位置

中欧商贸物流合作园区规划总面积 0.75 平方千米,总投资 2.64 亿美元,目前已基本完成了"一区三园"的规划布局建设。即在欧洲地理中心——匈牙利首都布达佩斯建设完成的"中国商品交易展示中心"和"切佩尔港物流园",在欧洲重要的基本港——德国第二大港不莱梅港建设完成的"不莱梅港物流园",完成开发面积 9.87 万平方米。中国商品交易展示中心具备商贸交易和展示平台的双重功能,依靠匈牙利现有的优越地理环境和完善先进的基础设施条件,能为中国众多企业拓展欧洲市场提供以下这些服务:短期展会、常年展会、独立自主经营、企业信息交互、贸易洽谈合作、招商吸引投资、产品本地化、区域代理、供应链融资、加工研发、报关签证等专业化、一体化的综合配套。

2.周边的辐射效应

依托优越的地理优势,拥有高度集成的多渠道资源整合交流,中欧商贸物流园已经成为中欧经济交流的重要平台。随着中国经济发展越来越快,更多欧洲国家迫切希望能与中国加深经济贸易往来,而中欧商贸物流园的诞生,让更多的欧洲国家有更加方便的渠道去了解、认识中国,最后达到合作共赢。在双方都希望加深合作的大背景下,中欧商贸物流园的发展趋势自然不会平凡,巨量的各种资源筛选、整合、配送等一系列的运营,让地方经济与合作经济均达到前所未有的高潮,参与企业如病毒般迅速蔓延,发展趋势如火如荼,短期内不会达到饱和期,一个以集商贸和物流服务为一体的新型产业发展模式日趋成熟。

3.成熟的招商服务

作为商贸物流合作区,服务是第一位的。要做好园区招商工作,首先要体现园区的建区理念——"一区多园",该理念为我国对外贸易和对外投资战略提供帮助与支持,期望带动越来越多的商贸物流企业登陆欧洲。合作区要树立良好的形象,以务实的经营参与到园区企业之中,保证园区和园区企业可持续发展,使园区融入当地社会人文,使入园企业融入园区发展,构建一个服务、务实、融合、发展的园区平台。招商中应秉持着"以企业为核心、政策扶持、市场化操作、内外商统招"的原则开展接下来的商业合作。通过收集企业的信息,完善潜在入区商贸企业和物流服务企业数据库,整合各方资源,通过商品会展、座谈会、招商会、经贸洽谈会、海外园区工作会议及产业专题会议等方式,有计划、有步骤、有目的地开展招商。目前,已有 175 家商贸物流企业入驻园区,企业入园的向心力、凝聚力、进入园区发展的愿望增强。

4.积极的政治效应

进入 21 世纪以来,中国的国际地位不再是单一被动的、静止不变的,而是复合主动的、动态多变的。从一方面来看,就目前中国的国际地位,内部包含着大和小、强和弱的对立统一,有着强烈的矛盾、复杂性。而在另一方面,中国现有的国际地位还处于一个高速变化的一个状态,正巧处在由大而弱的国家逐步迈向大而强、由区域性大国踏入全球性大国的历史进程之中。国家发展离不开经济发展,"一带一路"倡议的实施为我国企业"走出去"创造了难得的历史机遇,"一带一路"倡议不仅会改变中国区域大战的现有格局,还会通过亚欧经济的再整合重塑世界的政治经济版图,加快"一带一路"沿线国家金融资本流动,提高"一带一路"的经济地位,也是提高我国在国际地位的话语权,改变我国在众多国家中的老旧形象,重新打造全新的、温和的、高速发展的中国,让各国重新认识五千年历史的东方大国。

中欧商贸物流合作园区目前已经引入包括商贸、物流行业在内的 187 家企业入驻并生产运营,分别来自中国和欧洲国家,区内从业人数约 870 人。目前,中欧商贸物流合作园区物流强度能力达到 155.44 万吨/(平方千米·年),每年带动货物进出口贸易额 3.45 亿美元。中欧商贸物流合作区自成立以来,开展了一系列企业跨境合作方案,例如中国商品展销会、贸易洽谈订货会,以及建立中国商品常驻展示厅等营销活动,与此同时,将为新入区企业提供有关货物进出海关、报关报税和商检、跨境和入境物流配送、仓储、金融借贷等"一站式"服务,进一步为中国企业寻找潜在商机和扩大贸易额提供强有力的帮助,形成产业集聚效应和规模效益,从而让分散、无序、盲目地"走出去"的中国企业变为集中、有序、理性地"走出去",降低国际化运作成本和风险成本,发挥了重要载体和平台作用。

七、中俄托木斯克木材工贸合作区

(一)园区简介

位于俄罗斯托木斯克州阿西诺市的中俄——托木斯克木材工贸合作区,是在中俄两国元首倡导下,在中俄总理定期会晤机制下确定的首个实质性推进的最大合作开发项目,于2011年9月成功中标国家级海外经贸合作区,被我国列入"一带一路"建设优先推进项目。具体发展历程大致分为三个阶段(见表6-6)。

表6-6 中俄托木斯克木材工贸合作区发展历程

阶段	关键时点	标志性成果
第一阶段:准备阶段,2007—2008年	2007年6月	委托中国国家林业局林产工业规划设计院编制《中俄森林资源合作开发与利用总体规划》一期项目正式通过双方政府审批
	2008年5月23日	一期项目在时任中国国家主席胡锦涛和时任俄联邦总统梅德韦杰夫的共同见证下正式签约
第二阶段:建设阶段,2009—2012年	2011年7月28日	中航林业有限公司(以下简称中航林业)成立,承接一期规划项目
	2011年9月27日	合作区中标成为八家国家级海外经济贸易合作区之一
第三阶段:快速推进阶段,2013年—至今	2015年2月11日	俄罗斯联邦副总理阿尔卡季·德沃尔科维奇、托木斯克州州长谢尔盖·日瓦奇金一行到合作区视察工作,并参加旋切单板项目的启动仪式,对合作区的快速健康发展予以肯定,并承诺给予合作区更大支持
	2015年5月8日	公司纸浆项目在国家主席习近平和俄罗斯总统普京的见证下,在莫斯科正式签约
	2015年7月	合作区项目入选国家"一带一路"建设优先推进项目

资料来源:商务部网站。

合作区第一期计划每年采伐加工450万立方米木材,总投资约9.6亿美元,规划建设面积6.95平方千米。截至目前,合作区累计投资超过20亿美元,铁路、公路、供电、供气、管道等基础设施建设基本完成。合作区采取"一区多园"的方式运作,以木材深加工园区为核心园区,以建设在森林采伐区附近的木材粗加工区为辅助园区,采用核心加工园区带动辅助园区的布局模式。合作区主导产业主要是森林抚育采伐业、木材深加工业以及商贸物流业,主要生产加工锯材、密度板、刨花板、胶合板、家具、纸浆等产品,已经成为我国海外重要的林产资源储备基地之一。

(二)发展现状

1.资源获取状况及森林认证

截至目前,公司已签署 47.7 万公顷森林资源采伐合同,年采伐总量可达到 117 万立方米。同时,公司正在申请年采伐 190 万立方米的资源,已获州政府同意,报俄联邦批准。2013 年底,中航林业及其在俄投资企业——恒达-西伯利有限责任公司在中俄两国分别取得 FSC 认证,这标志着企业在森林管理和林产品流通方面达到了国际化水准,也是企业勇于承担社会责任、倡导奉献精神的体现。

2.生产加工状况

合作区拥有先进的机械设备和较为完整的基础设施,规划年采伐和加工木材 450 万立方米,主要生产加工锯材、密度板、刨花板、胶合板、家具、纸浆等产品,已经成为我国海外重要的林产资源储备基地之一。合作区已建有年产 20 万立方米的锯材生产线;采用欧洲先进设备、总投资 1.4 亿元的年产 10 万立方米旋切单板生产线运行良好;胶合板生产线完成设备改造,生产能力可提高为原来的 1.5 倍。

3.项目配套工程及基础设施建设状况

为了更好地保证产品的加工、生产以及运输,中航林业投入大量资金改造建设基础设施,并建造相关配套服务,详见图 6-7。

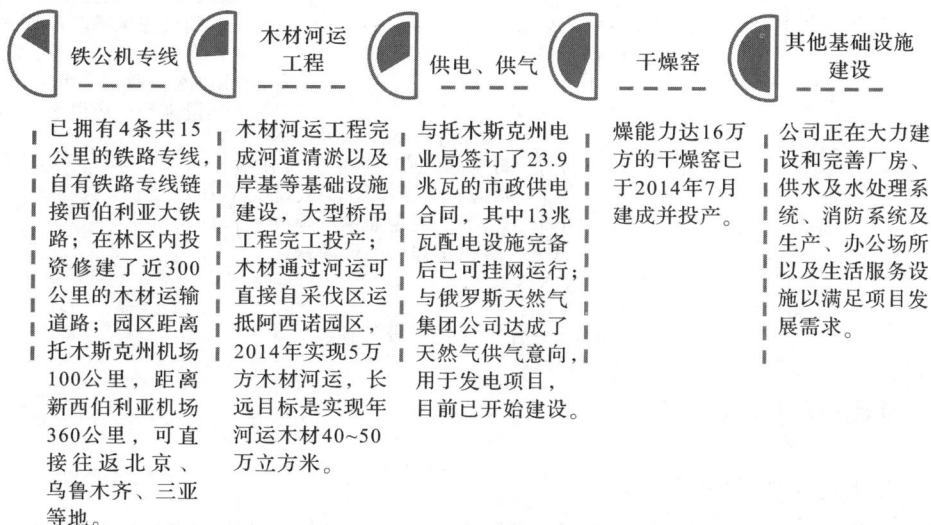

铁公机专线	木材河运工程	供电、供气	干燥窑	其他基础设施建设
已拥有4条共15公里的铁路专线,自有铁路专线链接西伯利亚大铁路;在林区内投资修建了近300公里的木材运输道路;园区距离托木斯克州机场100公里,距离新西伯利亚机场360公里,可直接往返北京、乌鲁木齐、三亚等地。	木材河运工程完成河道清淤以及岸基等基础设施建设,大型桥吊工程完工投产;木材通过河运可直接自采伐区运抵阿西诺园区,2014年实现5万方木材河运,长远目标是实现年河运木材40~50万立方米。	与托木斯克州电业局签订了23.9兆瓦的市政供电合同,其中13兆瓦配电设施完备后已可挂网运行;与俄罗斯天然气集团公司达成了天然气供气意向,用于发电项目,目前已开始建设。	燥能力达16万方的干燥窑已于2014年7月建成并投产。	公司正在大力建设和完善厂房、供水及水处理系统、消防系统及生产、办公场所以及生活服务设施以满足项目发展需求。

图 6-7　中俄托木斯克木材工贸合作区基础设施建设状态

资料来源:商务部网站。

(三)选择俄罗斯的原因分析

1.完善的公共平台建设

合作区为入区企业提供企业注册服务、租赁服务、资源供给服务、人力资源服务和其他服务,为入区企业提供公共服务、搭建公共平台,为入区企业提供周到细致的服务,让入区企业在异国他乡能感受温暖、获得发展、实现价值。帮助入区企业解决实际困难,尽快投入生产,实现正常运营。中俄—托木斯克木材工贸合作区为入区企业提供的公共服务详见图6-8。

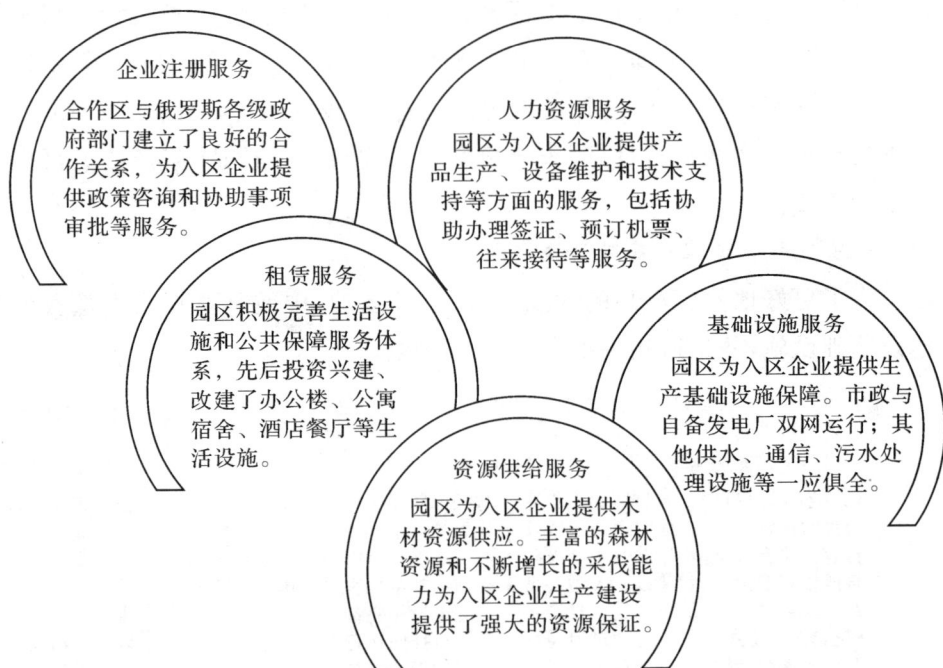

企业注册服务
合作区与俄罗斯各级政府部门建立了良好的合作关系,为入区企业提供政策咨询和协助事项审批等服务。

人力资源服务
园区为入区企业提供产品生产、设备维护和技术支持等方面的服务,包括协助办理签证、预订机票、往来接待等服务。

租赁服务
园区积极完善生活设施和公共保障服务体系,先后投资兴建、改建了办公楼、公寓宿舍、酒店餐厅等生活设施。

基础设施服务
园区为入区企业提供生产基础设施保障。市政与自备发电厂双网运行;其他供水、通信、污水处理设施等一应俱全。

资源供给服务
园区为入区企业提供木材资源供应。丰富的森林资源和不断增长的采伐能力为入区企业生产建设提供了强大的资源保证。

图6-8　合作区公共服务种类

资料来源:根据各大新闻网站资料整理。

2.优先发展的"一带一路"项目

合作区正处于"一带一路"沿线国家,不仅有利于促进与东道国的共同发展,加快园区生产建设,积极加速园区投资,引领中国企业"走出去",还能够有助于推进"丝绸之路经济带"建设,对俄联邦欧亚战略对接和国际产能合作方面产生深远影响。作为一个"新常态"下的合作区,目前已被列为"一带一路"134个优先发展项目之一。

(1)良好的服务体系能更好地带动企业"走出去"。合作区拥有相对完善的基础设施、成熟的法律政策以及良好的区域投资环境,鼓励大企业先走,配套的中小企业紧随其后,引导国内企业抱团出海,在缓解资源压力、规避贸易壁垒、开拓海外市场、构建产业链战略联盟、有效降低成本、营销网络建设等方面形成综合竞争优势,对扩大外贸进出口产生积极影响。

(2)供需平衡、推动林业产业的国际产能合作。伴随着东北天然林全面禁伐,国内林业产业的日渐匮乏,各大林业企业的木材资源需求急剧上升。因此合作区积极与国内企业合作,输送了大量的林业资源,形成了一条产业链。一方面,国内企业充分发挥国内技术和产能优势,实现企业的经济结构调整和发展方式转变。另一方面,合作区加强资源开发和产业投资,开展下游精深加工,延伸产业链,加强资源回运和满足当地市场需求。

(3)加速中俄经贸合作。国内多家企业明确表示有入园意愿并签署相关协议,另外合作区也积极主动寻找投资方,与多家知名企业合作区洽谈招商合作事宜。随着全球经济一体化格局的加深,中俄两国来往愈加频繁,经贸合作日益密切,辐射到合作区的政府资源优势愈加显著,进而带动技术、设备、劳务出口。

3.获取生产要素

俄罗斯拥有丰富与廉价的劳动力与木材资源,所以民营企业"集群出海"寻找有利于自身的生产要素而逐步嵌入全球产业链成为必然选择。结合入区企业自身情况和东道国(地区)的资源条件。这类产业主要针对资源开发与农业类园区。这类合作区主要是利用投资目标国丰富的资源,进行资源开发产业链上相关产业的投资。这种合作区的建立主要是为了弥补我国国内资源不足。产业定位集中于国内加工能力强、原材料对外依存度大的行业,如冶金、有色、建材、石化等。企业在选择这类合作区的区位时,主要考虑东道国的资源丰富程度、劳动力成本、与当地政府的合作密切程度等因素。例如,俄罗斯中俄托木斯克木材工贸合作区为典型园区。

八、中国－印度尼西亚聚龙农业生产合作区

(一)园区简介

印度尼西亚位于亚洲东南部,具有得天独厚的农业生产资源,是全球最具潜力的农业生产区,凭借先天自然优势,多项农业产品的产量和出口量居世界前列,对国际市场影响重大。其中,棕榈油产量居世界第一位。中国印度尼西亚聚龙农业产业合作区项目按照"一区多园、合作开发、全产业链构建"模式开发建设,总体规划年限 8 年(2015—2022 年),规划面积 4.21 平方千米,项目建设投资约 12.45 亿美元,包括中加里曼丹园区、南加里曼丹园区、西加里曼丹园区、北加里曼丹园区与楠榜港园区五大园区。

2016 年 8 月 4 日,国家商务部、国家财政部联合下发《国家级海外经济贸易合作区确认函》,函中指出,根据《商务部财政部关于印发〈海外经济贸易合作区确认考核办法〉的通知》(商合发〔 2015 〕296 号),聚龙旗下天津市邦柱贸易有限责任公司投资建设的中国－印度尼西亚聚龙农业产业合作区符合海外经济贸易合作区确认考核要求,予以确认为国家级海外经济贸易合作区。聚龙印尼产业园是由天津聚龙集团在海外建设的大型农业产业合作型园区,园区以棕榈油产业链为主导,集油棕种植开发、棕榈油初加工、精炼与分提、品牌包装油生产、油脂化工及生物柴油提炼于一体,同时积极发展仓储、物流、公共服务等配套产业。

(二)发展现状

从 2013 年起,根据国家海外经贸合作区产业园区的建设要求,聚龙集团整合企业在海外农业产业资源,大力推进中国－印度尼西亚农业产业合作区的建设,集油棕种植开发、棕榈油初加工、精炼与分提、品牌包装油生产、油脂化工及生物柴油提炼于一体,同时积极发展仓储、物流、公共服务等配套产业的综合产业园区建设定位,努力成为中国企业融入"21 世纪海上丝绸之路"建设的早期收获项目与综合试验区。

根据规划,合作区将建设成为以油棕种植开发、精深加工、收购、仓储物流为主导的农业产业型园区,实现从原材料供给到销售的纵向一体化经营,构建

庞大的交通运输能力和完善的物流网络,为大宗商品交易奠定坚实的物流基础。主要建设内容如下:

(1)规模化开发油棕资源,形成稳定可靠的上游原料供应体系;

(2)建设百万吨级棕榈油精深加工园区;

(3)打造高效通畅的收购、仓储和国际物流体系;

(4)搭建完善的农业开发公共服务平台。

合作区国内外企业同步招商,重点引进市场前景较好、项目带动性强的农业龙头企业作为目标企业,同时积极引进在园区仓储物流等配套产业方面有实力的企业,将合作区打造成棕榈油全产业链农业产业型园区,如图 6-9 所示。

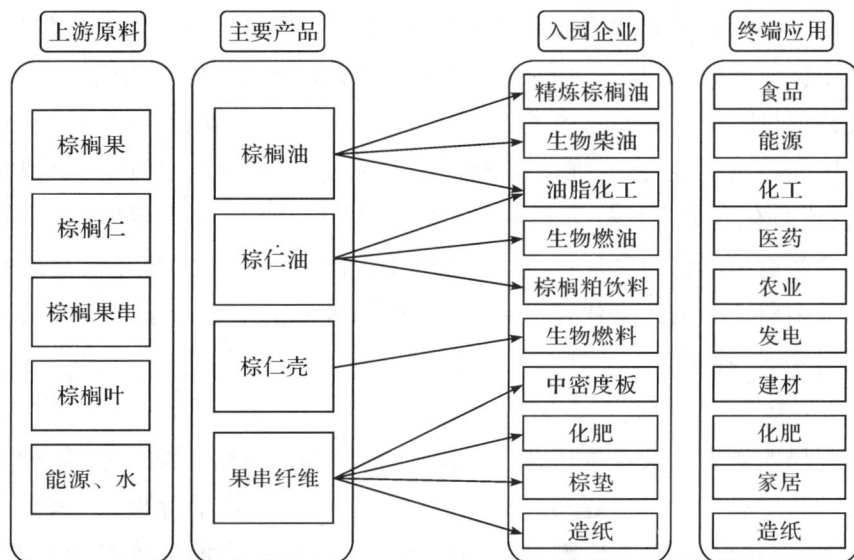

图 6-9　合作区产业定位

资料来源:笔者整理。

合作区产业主要定位于以下几个方面:

(1)以油棕精深加工为主的棕榈油种植开发、棕榈油初加工提炼、品牌油包装生产企业;

(2)以油脂化工为主的生物柴油、生物燃油研发制造企业;

(3)以棕榈衍生品制造为主的中密度板加工、化肥制造、棕垫生产、造纸企业;

（4）以服务业为主的仓储物流、科技研发企业；

（5）以基础设施建设为主的规划、道桥、排水、绿化、港口工程建设企业。

总体上，合作区主导产业定位为油棕种植开发、棕榈油初加工、精炼与分提、品牌油包装生产、油脂化工（脂肪酸、甘油及衍生品生产）及生物柴油提炼等，同时配套发展仓储、物流等产业。截至 2014 年底，该合作区项目已经拥有近 20 万公顷的棕榈种植园，已经完成种植 6 万公顷，配套建设完成 3 个压榨厂、2 处河港物流仓储基地、1 处海港深加工基地。

（三）选择印尼的原因分析

1. 政治优势

中国—印尼聚龙农业产业合作区项目，是习近平主席访问印尼和佐科维总统访问中国时的签约项目，也是国家农业部确定的全国对外农业投资合作首批试点支持项目。中国—印尼聚龙农业产业合作区项目的建设，对于加强中国与印尼两国间经贸领域合作、推动国内有实力企业抱团"走出去"以及中国"一带一路"倡议的有力实施具有重要意义。2013 年 10 月，习近平主席应时任印尼总统苏希洛邀请出访印度尼西亚，全面阐述中国对印尼和东盟睦邻友好政策，提出加强中印尼全面战略伙伴关系，建设更为紧密的中国—东盟命运共同体，实现共同发展、共同繁荣。

2. 区位优势

印度尼西亚聚龙农业生产合作区地理位置优越，自然资源丰富，物种多样，这为园区的发展提供了优越的自然条件。园区内有丰富的棕榈果、棕榈仁、棕榈果串、棕榈叶等，这在一定程度上为即将进入园区企业的发展提供了有利的条件。

3. 基础设施优势

印度尼西亚园区有着完善的基础设施，提供对当地商务考察调研服务及法律政策咨询；提供投资和工作许可、企业注册和有关登记、报关报税、商检、物流仓储运输、商务会展、与当地政府和机构协调的中介服务等；园区提供水、电、道路、污水处理、通信服务等基础设施配套服务，实行双回路供电保障服务；提供产权清晰的建设用地、标准型钢结构厂房及仓库的租赁；提供物业管理及生活配套服务设施；提供安全保卫服务及突发事件紧急救援服务。完善的基础设施为印度尼西亚农业园区的发展提供了优越的发展条件。

4.服务优势

合作区为即将入驻的企业提供优质的服务,与当地政府关系密切,帮助入驻企业办理经营手续,解决企业在入驻时所存在的困难,使企业能够尽快投入到生产经营当中,以此能够充分促进企业的发展壮大。图 6-10 是印度尼西亚聚龙农业生产合作区为企业入驻园区提供的优越服务办事流程。

图 6-10　中国－印尼聚龙合作区服务优势

资料来源:笔者整理。

合作区将建设成为以油棕种植开发、精深加工、收购、仓储物流为主导的农业产业型园区,打造海外棕榈全产业链,实现从原材料供给到销售的纵向一体化经营,构建庞大的交通运输能力和完善的物流网络,为大宗商品交易奠定坚实的物流基础。

通过对上述 8 个海外合作区案例梳理,在分析园区基本情况、发展现状基础上,进一步分析其区位选择的影响因素。现作如下归纳:

在前面第五章的分析中,有关影响区位选择的主要因素有两国经贸关系、容易获取生产要素、潜在的市场需求、丰富的东道国资源、优越的地理位置等。本章的案例企业按功能分为四大类,分布在七个不同国家(其中俄罗斯两家,在俄不同区域)。案例企业在区域选择时都一定程度上有考虑上述因素。但是不同类型产业园区,其侧重点略有不同。一是经贸关系良好、地理位置(含基础设施)优越几乎是所有园区共同考虑的因素,权重最大。二是工业园区更倾向容易获取生产要素,以避开本国高昂的生产成本,从而减低其投入成本。资源开发及农业园区更看重的是东道国的资源优势,从而因地制宜地开展经营活动。商贸物流园更倾向潜在的市场需求(含周边市场),作为一个集合交易平台,促进与东道国及周边的贸易活动。本章通过对案例分析企业在区位选择方面的影响因素的分析,与前文的分析形成呼应,结论是吻合的。

九、进一步分析:合作区发展面临的困境

通过对 20 个国家级海外经贸区发展的整体考察(第五章)以及本章上述八个典型案例研究(含四个类型)表明,中国民营企业集群式海外投资正在成为海外投资的创新模式,而海外经贸合作区已被实践证明是一种正在建设并逐渐被认可的主要模式。同时,在发展过程也面临一定的困境及问题,需要进行梳理。

(一)空间布局存在空白和重叠

通过案例分析发现,无序的内部竞争造成了合作区整体布局的不合理,企业资源和国际市场得不到充分的开发,制约合作区的进一步发展。目前大多集中于俄罗斯、东南亚等,而"一带一路"沿线其他区域,仍有较大拓展空间,由此,出现了布局上的空白或重叠。以东南亚布局为例,柬埔寨、越南、泰国彼此相邻,越南和柬埔寨两个国家的经济发展程度也十分类似,我国在这三个国家都建立了海外经贸合作区,并且在越南境内还有 2 个合作区。这些合作区在很多产业之间都存在趋同或重复,很容易造成合作区之间的相互牵制,引起恶性竞争。与此同时,整个东南亚地区的合作区集中于中南半岛上,马来群岛上尚无合作区分布。马来群岛上的人口众多,市场庞大,其中马来西亚有着完整基础设施和工业体系,新加坡的金融业、知识服务行业发达,这片广大的区域的外来投资以美国、欧洲、日本为主,但投资潜力仍有较大的提升空间,海外经贸合作区未在该区域布局颇为遗憾。

(二)产业关联度不足

一是合作区在建设之前对主导产业的规划不科学,二是合作区原有科学的产业规划随着实践的深入而任意变动,得不到有效的执行。就第一种情况而言,合作区主导产业多由投资建设园区的企业进行定位,一般是围绕投资企业的主营行业,而其他计划入园的企业在产业布局上很少有发言权。就第二种情况来说,合作区即使做了较为科学的产业布局规划,在现实的招商引资中仍会做出妥协,尤其是在招商的前期阶段存在资金回笼、投资者观望的现象,主导投资建设的企业对入园企业的筛选就相对宽松。例如,在调研乌兹别克斯坦鹏盛

工业园时,笔者发现其产业规划主要是围绕轻工、建材产业,招商时引进我国某电子企业(手机生产企业),该企业将过时技术输入该园区,加之管理跟不上,该企业最终以亏损退出园区。此外,园区内的企业在运营过程中会出现退出、转行等现象。

(三)东道国不可预期的政治风险

在对合作区企业的调查中,大多企业认为东道国内的政治风险对企业经营的影响更大,而且这种风险的防范的难度更大。据统计,近年来"一带一路"沿线,尤其是东南亚、中东欧等发展中国家投资增长较快,但是这些国家大多政局不稳定及法律法规不健全,对投资者权益保护不足,海外投资仍存在不可预测的风险。例如,2014年越南某些地区对外资企业的排斥事件,曾经影响到投资者权益。此外,以世界银行公布的2015年WGI(政府综合执政能力)中相关指数来衡量政府质量,泰国、越南、尼日利亚等国在零线以下,均为负值,说明这些国家投资环境等均有待改善。

(四)企业融资仍存在一定难度

除了海外投资风险更大外,对于"走出去"的企业而言,最大的困难就是资金不足的问题。在国外建设合作区对中国企业来说还是新的尝试,尤其是在金融危机席卷全球时,刚入园时企业感到灰心绝望,合作区在招商方面也受到了一定的影响。这种情况在合作区招商中时有发生,使得入园计划因资金问题而搁置。我国资本市场和企业债券市场都并不完善,发行债券进行融资对中小企业而言基本不可能实现。企业进行融资时首先考虑的是银行贷款,但企业的海外公司只能通过其境内母公司对其进行增资的方式从境内银行获得贷款,但必须由境内母公司提供融资或担保,要满足海外公司的融资及时需求相对困难。而且,那些新设立的海外投资企业,尚未建立起良好的市场信誉。国内银行也很难了解企业在海外的真实经营情况,所以通常不会积极提供企业用于海外分公司的贷款。根据调研时发现,许多海外园区都面临上述情况,大大制约了其海外发展空间。

(五)专业化人才缺乏

我国的海外经贸合作区普遍面临着高级管理人才、技术人才缺乏的情况,究其原因,一方面我国的海外合作区多处在亚洲、非洲的欠发达国家,经济实力和教育水准相对较弱,本土的人才供给不足,同时这些区域对高端人才吸引力有限,在人才引进上存在天然的短板;另一方面,我国国内国际化人才的输出也存在较大差距,具备外语能力、管理能力、公关能力、法律知识的复合型人才紧缺。而且国内企业的人才储备和培养机制不健全,使得人才缺口加大。专业化人才的不足不仅限制了合作区企业的发展速度,而且也使企业的风险控制能力下降,潜在地加大了企业的总体成本,拖累了合作区整体的发展脚步。在调研中,多家企业表示,他们特别需要国际投资、国际法务、涉外管理等复合型人才,在网站上也一直挂着招聘启事,但应聘者寥寥无几。

(六)招商进程缓慢

海外经贸合作区目前还是一种新型的跨国经营模式,其招商工作通常由主建企业通过市场化的方式对国内相关企业进行推介。对于有入区愿望的企业来说,合作区主建企业在国内的号召力并不是很大。由于整体上对合作区的介绍宣传力度不是很大,或者在合作区的投资经营优势不能够全方位地传达出去,信息不对称的问题就容易在园区和有入区需求的企业间产生,国内企业的积极性和主动性没有被调动起来,结果导致招商计划和实际产生较大差距。像泰中罗勇工业园,2006年3月开始建设招商,经过6年多的时间,截至2012年8月中旬,只有42家企业入驻园区,其中只有21家中资企业已开工投产。2013年国家主席习近平提出了"一带一路"倡议,带动了中企在海外的投资热潮,泰国又是构建"一带一路"的支点国家,这才促进了工业园招商工作的顺利开展。其他园区也不乏这种情况,实际引进企业数量与规划引进企业数量相去甚远。乌苏里斯克园区规划2011年引进60家企业,但截至2016年引进各类企业才27家。东方工业园规划引进企业60家,其中包括联合利华等大型外资企业6家,企业协议总投资4亿多美元,截至2016年引进企业仅21家,企业总投资额为2亿多美元。

(七)融入当地不足

据调研,海外经贸合作园区的发展大多面临"孤岛式"窘境,与当地经济发展融入不足。究其原因主要是:各国经济发展水平参差不齐,产业承接力滞后,园区与社区依托度差,政治文化水平的差异等。这些在一定程度上都制约了海外经贸合作园区与当地社区的融入进程,具体表现在:一是产业融入不足,与当地产业关联度不高,很多园区在建设规划中只重视工业生产需求,忽视了园区与周边城市产业之间的衔接。二是员工融入不足,园区高层基本上母公司人员的输出,因当地管理人才的缺乏导致管理层较少有当地人的职位,对来自普通工人的管理缺乏文化认同。例如,泰中罗勇工业园在建设过程中就遭受到了这些文化差异的障碍。中国工人习惯每天工作 8 小时,工人实行 3 班倒。而泰国的工人习惯的工作时间是朝九晚五,到了下班时间就下班,如果要求泰国工人加班,需要提前跟他们商量好适当的加班工资,否则没有工人愿意加班。三是履行社会责任不足。大多园区还是以盈利为目标,较少考虑当地社区带来福利,促进与当地和谐共处等。

第七章　民营企业集群式海外投资模式:比较与借鉴

通过海外投资集群,中国民营企业能够帮助优化国际社会生产力布局,利用全球资源增加企业的实力,因此,研究中国民营企业的海外投资模式具有现实意义。发达国家及新兴经济体实践企业集群式海外投资较早,并已经形成相对较为成熟的模式。为进一步梳理并解释不同投资模式,笔者通过查阅相关资料及实地走访调研,整理并分析了发达国家及新兴经济体的五种集群式海外投资模式。通过比较研究,笔者试图寻找适合中国的发展模式,帮助我国企业在海外投资又好又快地发展,从而实现做大做强的目标。

一、美欧:产业链紧密集群

作为发达国家的美国与欧洲,其海外投资一直占据全球主导地位。调查发现,以产业链集群模式为美欧海外投资模式的代表,主要以产业链协调作为核心企业或跨国公司的主导力量,通过核心企业导向外商直接投资和跨行业转移。在开拓新市场、建立新的生产经营基地等领域,该模式在产业链上具有协同效应,最大的集群力量就是产业链。诺基亚设在北京经济技术开发区的星网工业园,就是这种模式的典型代表,属于"边走边聚"的那种。由此,该园区企业关系紧密,而且相对封闭,核心企业均支持集群运行。

星网工业园于 2000 年于该区奠基,2001 年 12 月 20 日星网产业园落成,占地 50 公顷,以诺基亚为龙头企业,诺基亚与日本三洋能源等 14 家知名企业拥有支持合作关系,落户星网工业园,并以诺基亚通信产品为标杆,达成了世界上不同地区的原材料、零部件、供应商集中在一个生产空间内,每一个配件的流水线时间误差在几分钟内,所有企业都呈现没有库存的"星网"布局。截至 2008

年4月,已吸引了近20家世界级手机制造商和备件供应商入驻,2007年创造了5万多个就业岗位,实现销售额1300亿元,极大地促进了经济发展。①

当前经济全球化背景下跨国公司战略合作的趋势就是星网工业园。诺基亚将这些放进一个空间即为了通过分包,将中游的制造环节交给配套厂商,可以释放人力、财力用来研发上游产品与技术,开拓下游市场销售服务。参与星网全球价值链上的企业将获益匪浅,外资企业将因竞争激烈的本土原材料和劳动力而大幅降低成本,本地企业会为进入国际市场而严格统一的国际化运作以提高产品质量和管理水平。在21世纪,移动通信市场发展迅速,行业领先者诺基亚以每年30~40个的速度推出了新的手机产品。星网工业园快速发展,建立自己的研发中心的企业达50%以上。诺基亚和星网合作伙伴的研发和设计部门需要越来越多的沟通来确保产品设计要求和上市时间。因此,诺基亚2010年决定将研发部门和国家总部迁至星网工业园区,构建和发展好手机产业基地和星网合作伙伴,将诺基亚研发、制造、物流、市场营销、服务部门和地区总部等集聚在一个千米范围内,并且可以随时面对面交流合作伙伴,各种原材料和零配件也可以通过蓄电池运送到物流中心。

二、日本:财团式紧密集群

以财团式紧密集群模式为代表的日本模式,其集群企业除了产业链联系外通常具有财团性质,其主要的特点是集群相对封闭,财团自身拥有融资、情报等支持能力。由此,该园区企业关系紧密,而且相对封闭,财团核心企业支持集群运行。丰田财团还拥有十几家财团一级企业,均是世界知名企业,产业链覆盖汽车产业从上游原料到下游物流的所有环节。丰田汽车在天津的工厂是丰田在中国的两大基地之一,也是它在中国最大的工厂,年产能约50万辆。丰田财团在天津投资的汽车产业集群则集中体现了产业链主要依靠财团投资,其主要的特点是集群相对封闭,本身就有强大的融资功能。②

集聚动力为财团控制,并与产业链的结合,集群内企业之间关系紧密,而且

---

① 星网工业园绿色产业链发展全纪录[EB/OL].(2014-01-05)[2019-09-01]. https://wenku.baidu.com/view/3326c07a336cle69la375d88.html.

② 徐英.财团:日式产融的实践者[J].财经国家周刊,2011(8).

该园区相对封闭，支撑平台以财团为核心。典型例子为丰田财团在天津的产业集群。1985—2001 年该园区共引进相关日本企业 20 余家，1995 年开始加快引进速度，集聚加剧，属于标准的"先走后聚"的模式（见表 7-1）。

表 7-1　丰田财团汽车产业在天津园区内企业汇总

企业名称	建立时间	合作形式	生产分工
大发工业	1985.1	技术协作	技术支持
爱信精机	1994.9	技术协作	制动盘
丰田通商	1995.4	合资	铜版印刷
日本电装	1995.1	技术协作	配电器
丰田汽车	1995.12	合资	等速万向节
日本电装	1995.12	合资	交流发电机
丰田合成	1995.12	合资	刹车管
日本电装	1996.3	合资	微电机
丰田汽车	1996.5	合资	发动机
丰田汽车	1997.2	独资	等速万向节材料
爱信精机	1997.6	合资	离合器、制动器
丰田汽车	1997.7	合资	转向轴、传动轴
日本电装	1997.7	合资	电子器件
日本电装	1997.12	合资	汽车空调
丰田汽车	1998.2	独资	汽车咨询
丰田汽车	2000.6	合资	小型车
丰田合成	2000.1	合资	密封条
日本电装	2001.2	技术协作	空气净化机
东海理化	2001.2	合资	开关
爱信精机	2001.5	合资	车门锁、车窗升降器、合页等
丰田汽车	2001.7	独资	市场支持

资料来源：Kuchiki A. The Flowchart Approach to Asia's Industrial Cluster Policy[EB/OL]. http://dakis.fasid.or.jp/report/pdf/handout28.pdf.

三、新加坡：园区开发招商

新加坡园区投资发展模式的代表主要是园区开发商。其实质是海外产业园的发展和商业地产的开发和运营。园区有自己的产业定位和战略定位。更加专业、开放、高效、灵活的工业园区开发和投资，使大规模的企业快速集聚。

新加坡苏州工业园区就是一个典型的例子。新加坡工业园区的建设和发展，在国家战略经济计划下，充分利用亚太经济周边资源和巨大的市场活力，依靠它们自己的资金、技术和管理优势，由政府主导的在友好关系东道国建设工业园区，在园区可以享受相应的优惠政策，来吸引新加坡企业和跨国公司，促进当地就业和经济发展。自 20 世纪 90 年代初以来，新加坡已在印尼、越南、中国和印度建立了 10 多个海外工业园区。新加坡海外产业园区具有国内外园区经济地理条件优越，实力雄厚，海外园区运营模式先进，海外园区产业优势，园区布局集中等特点。

中国和新加坡两国政府间的重要合作项目成果之一苏州新加坡工业园区，1994 年 2 月经国务院批准设立，于 5 月实施启动，面积 278 平方千米，中新合作区有 80 平方千米，下辖四个街道，人口约 80.78 万，2016 年的地区生产总值 2150 亿元，同比增长 7.2%；公共财政预算收入 288.1 亿元，增长 12%；进出口总额 4903 亿元、实际利用外资 10.5 亿美元；城镇居民人均可支配收入 6.13 万元，增长 8.1%；R&D 投入占 GDP 比重达 3.36%，人均 GDP 超 4 万美元。① 在产业结构优化方面，大力推动创新创业园区等领域继续突破，成为中国和新加坡政府合作标志性项目，是中国发展最快、国际竞争最激烈的开发区之一。

四、韩国：社区化松散集群

以社区化松散集群模式为代表的韩国模式，是主要以类似的文化社会纽带作为激励的，以中小企业为主，具有社区特色。该园区企业关系较为松散，而且相对开放，投资促进机构支持集群运行。

韩资跨国公司在山东半岛形成的社区化集群，韩国跨国公司在中国的投资

---

① 参见苏州新加坡工业园网站(http://www.sipac.gov.cn/zjyq/yqgk/201703/t20170317_541391.htm)。

范围更广,但主要投资制造业。自20世纪90年代以来,随着韩国国内劳动力成本的迅速崛起,部分劳动密集型产业和重工业的国际竞争力逐渐弱化,它们也渐渐成为夕阳产业,韩国政府鼓励电子等新兴产业加快产业结构升级,积极采取措施推动海外劳动密集型产业发展。1992年8月24日中韩建立大使级外交关系,结束了互不承认、相互孤立的历史。加之韩国与山东半岛具有区位上的优势,因此20世纪80年代后韩国将大部分的中小企业外迁到山东半岛,并逐步形成了社区集群模式。该种模式的集聚动力以社交文化纽带为主,以集群内相似文化背景为主,而且该园区相对开放,支持平台以投资促进机构。典型例子为韩国企业在山东的社区化集群。

因山东省是距离韩国最近的中国省份,地理优势明显,并且传统上人文交往频繁,经济优势互补等因素,山东成为韩国企业对中国投资数额最多的省份,截至2013年6月,在山东的韩资企业已达5800余家,投资金额目前已达82亿美元,占对中国投资总额的23%。成为山东第二大外资来源地、第三大贸易伙伴和最大的海外旅游客源地。通过以上分析,笔者归纳为表7-2。

表7-2 五种海外集聚模式比较

模式	集聚动力	集群企业构成	集群开放程度	集群企业内部联系	体系支持	集群表现形式	实例
产业链紧密集群模式	产业链	跨国公司及其协作企业	相对封闭	紧密	核心企业主导	多样	诺基亚星网工业园
财团式紧密集群模式	财团控制＋产业链	财团企业及协作企业	相对封闭	紧密	财团核心企业主导	多样	丰田在天津的生产集群
社区化半园区集群模式	文化社交纽带＋产业链	相似文化背景的企业	对相似文化背景企业开放	相对紧密	投资促进机构＋核心企业	社区化	昆山台资企业集群
园区开发招商模式	园区招商与服务	跨国公司及其协作企业	相对开放	多样	园区开发企业	园区	新加坡海外园区开发
社区化松散集群模式	文化社交纽带	相似文化背景的中小企业	对相似文化背景企业开放	松散	投资促进机构	社区化	韩资企业在山东的社区化集群

资料来源:笔者整理。

五、中国:核心企业产业链外移

通过考察 20 个国家级合作区,笔者发现,以国内某主建企业为核心,通过产业链外移(或延伸),带动企业相关企业进入特定园区,形成集群式投资。笔者将其归纳为核心企业产业链外移模式。

从核心企业来看,合作区的建设基本上是以企业为基础、以政府支撑为推动的模式。园区的建设一般可分为中方全资企业和中外合资企业(见表 7-3)。

从投资型企业来看,通常以经济实力较强的企业为主。这些企业大都是具有丰富跨国经营经验的大中型企业,一般资金实力较强,管理水平足够高,服务相对完整。为避免经营风险、政治风险和政策风险,主要牵头企业必须与当地政府建立良好的关系,签订相关协议并获得优惠政策。

以浙江省为例,其海外经贸合作区的建设是离不开民营企业的,它们都具备了较强的经济实力,并且拥有相当丰富的国际投资经验,基本上已经在国际市场上成功试水,获得了国际化经营的优势。例如,投资俄罗斯乌苏里斯克经贸合作区的主导企业——康奈集团,作为全省乃至全国有名的民营企业已经在全球范围内拥有百家专卖店,分布范围广泛;除此之外,泰中罗勇工业园的华立投资集团、越南龙江工业园的前江投资以及海亮集团(2014 年已经退股)都是在全球范围内的拥有强大的销售和贸易网络,这些优势保障了合作区的正常经营。

表 7-3　我国 20 个国家级海外经贸合作区核心企业情况

序号	合作区名称	核心企业名称	创建方式
1	柬埔寨西哈努克港经济特区	江苏太湖柬埔寨国际经济合作区投资有限公司	独资
2	泰国泰中罗勇工业园	华立产业集团有限公司	中外合资(泰国安美德集团)
3	越南龙江工业园	前江投资管理有限责任公司	独资
4	巴基斯坦海尔—鲁巴经济区	海尔集团电器产业有限公司	独资

（续表）

序号	合作区名称	核心企业名称	创建方式
5	赞比亚中国经济贸易合作区	中国有色矿业集团有限公司	独资
6	埃及苏伊士经贸合作区	中非泰达投资股份有限公司	独资
7	尼日利亚莱基自由贸易区（中尼经贸合作区）	中非莱基投资有限公司	独资
8	俄罗斯乌苏里斯克经贸合作区	康吉国际投资有限公司	中企合资
9	俄罗斯中俄托木斯克木材工贸合作区	中航林业有限公司	中企合资
10	埃塞俄比亚东方工业园	江苏永元投资有限公司	独资
11	中俄（滨海边疆区）农业产业合作区	黑龙江东宁华信经济贸易有限责任公司	独资
12	俄罗斯龙跃林业经贸合作区	黑龙江省牡丹江龙跃经贸有限公司	独资
13	匈牙利中欧商贸物流园	山东帝豪国际投资有限公司	独资
14	吉尔吉斯斯坦亚洲之星农业产业合作区	商丘贵友食品有限公司	独资
15	老挝万象赛色塔综合开发区	云南省海外投资有限公司	中外合资
16	乌兹别克斯坦鹏盛工业园	温州市金盛贸易有限公司	独资
17	中匈宝思德经贸合作区	烟台新益投资有限公司	独资
18	中国·印尼经贸合作区	广西农垦集团有限责任公司	独资
19	中国印尼综合产业园区青山园区	上海鼎信投资（集团）有限公司	独资
20	中国·印度尼西亚聚龙农业产业合作区	天津聚龙集团	独资

资料来源：根据商务部网站和各合作区网站资料整理。

从集群动力来看，合作区内企业为何能够集聚在一起？笔者将这个因素归为集群动力。总体上，比起单打独斗，集群式海外投资具有独特优势外（第二章已经阐述），不同园区的集聚动力侧重点还有所不同。工业园主要考虑到产业是否可以转移、要素优势是否容易获得以及是否能够规避壁垒等；资源开发园主要考虑的是东道国资源是否丰富、是否可以进行产业链延伸投资（加工）且便于运输等；农业园主要考虑农业种植以及加工配套等因素；物流园会考虑客户资源、交通设施以及市场辐射等。

从集群开放程度来看,园区内企业之间的关系主要依赖企业链的紧密度。不同园区的紧密程度各不相同,有的工业园大多经营多种产业,产业间紧密程度不高,园区对外开放招商,不同行业不同国家的企业均可进入该园区。根据调研,越南龙江工业园就有轻工、建材、家电等产业,现有入园企业 37 家,分别来自多个国家和地区,如中国、日本、韩国等;资源开发园经营资源开发及产业链延伸投资(加工),其企业间关系紧密,由于资源开发是国家间战略,资源不宜与其他国家共享,所以来自其他国家的企业较少;农业园经营农业种植以及加工配套等,其企业间关系紧密,互为上下游关系,入园企业一般也是以中国企业为主;物流园主要从事商贸物流,如商品展示、物流服务等。

从支持体系来看,园区日常运作的制度设计非常重要,支持体系的完善是园区成功运行的基础。合作区采用了园区管委会模式,每个园区都有一个这样的机构,它提供招商、运营、信息化平台支撑、安保、保税物流等辅助服务,保证园区的正常运行。以越南龙江工业园为例,所有与政府管理事务有关的投资手续都由前江省工业区管理委员会(TIZA)"一个窗口式"服务,并设立了规划部、招商部、对外联络部、市场部、法务部、维修部等相关部门,详见图 7-1。

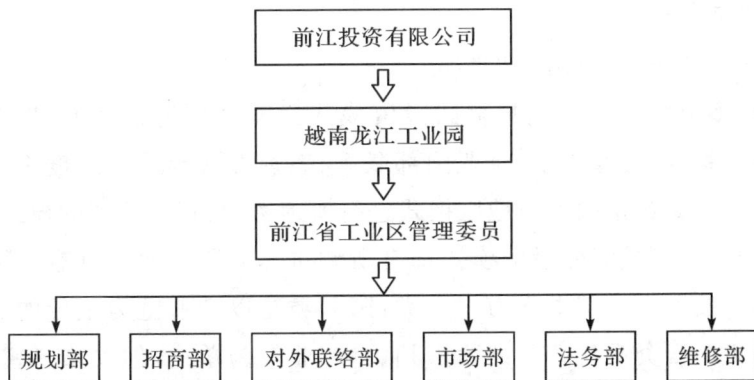

图 7-1 越南龙江工业园管委会结构

资料来源:越南龙江工业园网站。

基于以上分析,课题组将我国民营企业海外投资集聚模式选择归纳为表7-4。

表7-4 国家级合作区企业集聚模式(按园区类型分类)

序号	类型	集聚动力	集群开放程度	集群企业联系	典型实例
1	工业园	要素优势＋规避壁垒＋产业转移等	相对开放	相对紧密(多产业外移)	越南龙江
2	资源开发园	自然资源＋产业链延伸等	相对封闭	紧密	俄罗斯中俄托木斯克木材工贸合作区
3	农业园	农业种植＋产业链延伸等	相对封闭	紧密	中俄现代农业产业合作区
4	商贸物流园	客户资源＋产业链转移等	相对开放	相对紧密	中欧商贸物流合作园区

资料来源:笔者整理。

六、进一步分析:启示与借鉴

(一)初步结论

通过上述的研究,得出初步结论:

一是从多个维度来研究集群式投资模式。本书从集聚动力、集群企业构成、集群开放程度、支撑体系、企业内部联系、表现形式等多个维度来考察集群式海外投资,并对典型国家与地区模式进行实地考察,得出不同的模式特征。

二是企业集群式海外投资模式都有所侧重。从所选取的具有代表性国家与地区来看,投资模式基本分为三大类:第一类是以产业链为主导的美欧与日本模式,其集群投资都与产业链紧密相关,产业较为单一,但关系紧密,体现为"一荣俱荣,一损俱损"。第二类是以社区化为主导的韩国模式,相似文化背景的中小企业集聚在某个区域,不同产业快速形成集群,同一产业内产业链相对紧密。第三类是以园区招商服务为主导的新加坡模式,体现为两个国家合作战略,开发区由东道国政府负责开发,引进合作国企业及其他国家企业。

三是核心企业产业链外移是中国海外集群式投资的主要特征。以国内主建企业为核心，通过产业链外移（或延伸），带动企业相关企业进入特定园区，形成集群式投资。

（二）启示与借鉴

那么，对我国合作区建设是否有借鉴意义呢？

由此，可以得到至少三点启示与借鉴：

一是加大产业链紧密型投资。从我国海外经贸合作区实践来看，核心企业作为主建企业，通过投资带动自身企业产业链外移，带动一批联系企业对外投资。同时，在建设过程中，其他产业也陆续进入，一般都是"多产业模式"，属于松散型产业组合类型，例如从轻工到机械等，产业跨度大，产业间协作不够紧密。

二是加快合作区社区化。在社区化方面，合作区内企业文化认可、社会融入度都不够。一些园区是一个相对独立商务区域，除了与当地政府有必需的联系外，基本与外界不联系，尤其是当地社区的融入，因此，合作区在产业、管理、就业等方面应当尽快融入当地，促进当地经济的共同发展。

三是将合作区建设纳入国家战略。比起新加坡园区将园区建设纳入东道国国家建设战略，许多园区都还没有做到。缺乏国家战略支撑，从资源分配、政策扶持等方面都得不到有力支持，不利于园区长远发展。尤其是当前我国正在大力推进"一带一路"建设，为海外投资营造了得天独厚的有利环境，将合作区建设与国家战略紧密结合，此时是最佳时机。

第八章　研究结论与对策建议

本章首先对本书的研究结论进行总结,并对当前需要关注的趋势进行分析;其次,提出推进集群式海外投资的政策建议,最后,指出本课题研究不足及值得进一步研究的方向。

一、研究结论

(一)民营企业海外投资模式选择机理:理论背景

本书借助集群理论与供需均衡理论对投资模式选择的机理进行解释。"集群出海"较"独木出海"具有更多的优势,民营企业集群式海外投资有利于发挥这些优势,降低风险并实现对外扩展。同时,民营集群式海外投资同时具备供给与需求的条件。我国发达地区的民营企业大多以产业集群方式进行布局,形成独具特色的"块状经济",集聚了大量民间资本,而且大多处于外贸出口阶段,外部国际环境对其出口行为影响较大,有海外投资的内在意愿。

(二)民营企业集群式海外投资:现状、影响及区位

本书根据 1979—2015 年对外投资统计数据,对我国企业海外投资进行纵向考察,进而对快速发展的民营企业海外投资现状进行分析,对其中集群式海外投资三种模式(即海外商城、海外华人产业集群及海外经贸合作区)进行梳理。浙江作为民营企业集群式海外投资的典型地区,笔者通过浙江微观数据构建计量模型对海外投资模式的影响因素与区位分布进行实证分析。在影响因素上,通过计数模型实证研究发现,人均收入越高、经济增长越快、与我国经贸关系越好、贸易更便利以及资源越丰富的国家,更易于吸引民营企业对其集群投资;在区位选择上,民营企业的海外集群均有助于东道国吸引新晋企业,并且

企业对外直接投资形成的海外集群也存在一定的自我延续性。

(三)集群式模式:海外商城与海外华人产业集群

本书以典型地区浙江为例,在梳理海外商城发展历程基础上,探讨其影响因素及效应等问题。研究表明,民营企业利用国内市场建设经验在海外创办商城,一定程度上对国内商品的输出起到带动作用,然而,这种初级的集群式海外投资方式已逐渐衰退或演变为其他模式。因此,本书通过温商聚集的佛罗伦萨皮具生产中心的案例分析,探讨海外华人产业集群形成机理。研究表明,社会网络是促进产业集群形成的主要因素。然而,这种产业集群低端锁定比较明显,受外界经济、政策等因素的影响较大,同时,生活质量、社会活动及安全问题在不同程度上影响了海外华人对东道国的归属感。

(四)集群式模式:海外经贸合作区

自 2006 年以来,各个层次的具有合作区特征的项目众多,但 2016 年仅有 20 个合作区被商务部核定为国家级合作区。这些合作区建设历史较长而且较为成熟,本书以该批 20 个合作区为重点研究对象,对区位分布、产业分布、园区演变、运行机理、投资效应、政治风险等进行分析。研究表明,合作区均分布在"一带一路"沿线国家,产业选择兼顾母国与东道国优势产业,园区功能逐渐由单一向多元演变。笔者通过时间与主体两个维度解释园区运行的内在机理,并探讨海外投资的政治风险及防范措施。

(五)案例研究与进一步分析:合作区发展面临的困境

我国民营企业集群式海外投资正在成为海外投资的创新模式,而海外经贸合作区已被实践证明是一种正在建设并逐渐被认可的主要模式。笔者通过 20 个经贸合作区总体考察及其中 8 个典型案例剖析,发现合作区在发展过程中面临的问题及亟待突破的困境,如空间布局存在空白或重叠、产业关联度不足、东道国不可预期的非市场风险、企业融资难度大、专业化人才不足等,提出宏观与微观层面的相应对策。

(六)比较与借鉴:发达国家及新兴经济体集群式模式

发达国家及新兴经济体实践企业集群式海外投资较早,并已经形成相对较为成熟的模式。研究表明,发达国家及新兴经济体具有五种集群式海外投资模式,归纳为三类:第一类是以产业链为主导的美国与日本模式,其集群投资都与产业链紧密相关,且关系紧密,体现为"一荣俱荣,一损俱损"。第二类是以社区化为主导的韩国模式等。相似文化背景的中小企业集聚在某个区域,不同产业快速形成集群,同一产业内产业链相对紧密。第三类是以园区模式的新加坡模式,体现为两个国家合作战略,开发区由东道国政府负责开发,引进合作国企业及其他国家企业。我国企业属于核心企业产业链外移模式,即中国模式,以国内主建企业为核心,通过产业链外移(或延伸),带动企业相关企业进入特定园区,形成集群式投资。

二、当前需要关注的趋势

经济全球化趋势、新一轮科技革命及我国国内经济发展阶段跃升等已经成为当前需要关注的发展趋势,并将对民营企业集群式海外投资带来深远影响,可以推测,海外投资在格局、方式及速度都将发生新的变化。

(一)经济全球化趋势与"一带一路"倡议

随着经济全球化的不断深入发展,为了顺应这一发展趋势,2013 年国家主席习近平提出了"一带一路"的倡议。经过近几年的不断深入发展,"一带一路"已经成为我国融入世界发展格局的重大支撑。我国企业抱团"走出去"已经成为参与"一带一路"建设的重要举措。据我国商务部数据显示,截至 2016 年底,中国企业已经在全球建立了 20 个国家级海外经贸合作区。党的十九大报告中提出:要以"一带一路"建设为重点,坚持"引进来"和"走出去"并重,遵循共商共建共享原则,加强创新能力开放合作,形成陆海内外联动、东西双向互济的开放格局。海外经贸合作区是我国企业探索走出国门的一种全新方式,同时也是转移国内过高生产经营成本、转移国内过剩产能和规避贸易壁垒的重要措施。海外经贸合作区现已成为中国企业集群式对外投资的重要平台和有力保障,对东道国经济的发展也起到了促进作用。

(二)新一轮科技革命与产业变革

当前,新一轮科技革命和产业变革在全球范围内兴起,人工智能、大数据、云计算、物联网等新科技正改变着我们的生活方式和生产方式。对于我国而言,这既是难得的发展机遇,同时也是巨大的挑战。2017 年 11 月 10 日,习近平总书记在亚太经合组织工商领导人峰会发表的演讲中多次提及并强调新一轮科技革命和产业变革的重要性,增长动能将被科技深刻改变,我们应该抓住机遇,加大创新投入,转变发展方式,培育新的经济增长点。在这样的时代背景下,对企业"走出去"提出了更高的要求。中国企业集群式对外投资的过程中应牢牢把握发展机遇,注重科技自主创新,努力提高产品的质量和附加值,形成自己的竞争优势。加强专业人才的引进和培养,学习并投入先进的技术,运用新科技推动传统生产方式的转型,从而增强经济发展动力,促进产业结构优化升级。在与东道国的合作中,企业应充分优化生产要素的配置,促进劳动生产率的提高,共享科技创新带来的发展成果,实现互利共赢,在竞争激烈的国际市场中稳步前进。

(三)国内经济发展阶段跃升与资本流出加快

邓宁(1981)的投资发展阶段理论从动态的角度解释了发展中国家对外直接投资的行为。邓宁认为利用外商直接投资和对外投资是紧密相连的,具体可以依据人均国民生产总值 GNP 多少分成四个阶段,且对外直接投资的地位与其人均国民生产总值呈正比关系,尽管经济发展水平不是决定对外直接投资的唯一因素。按此理论,如果一国经济发展处于投资发展周期的第四阶段,即人均 GNP 在 4750 元以上,直接投资流出量超过流入量,或流出速度快于流入速度。据此,我国已处于投资发展周期的第四阶段。2016 年,中国人均 GNP 达8260 美元,同比增长 6.1%。全国 2016 年海外投资(流出)1961.5 亿美元,同比增长34.7%,吸引外资(流入)1260.01 亿美元,同比增长 4.1%。因此,流出速度快于流入速度。[①] 这几年,随着"一带一路"倡议的不断推进,我国企业海外投资增长更快。2018 年,对"一带一路"沿线 56 个国家非金融类直接投资达156.4 亿美元,同比增长 8.9%,占同期总额的 13%。在资本流出不断加快的趋势下,民营企业集群式海外投资也将提速,应得到更多的关注。

三、对策与建议

现阶段我国在处理对外关系时强调"合作共赢""促进共同发展",民营企业

---

① 来自中国商务部《2016 年我国对外全行业直接投资简明统计》和《中国外商投资报告》。

海外投资也应主动遵循这一原则,这是其良性、长期发展的必要条件。因此,不管从政府还是企业层面,都应把握好这一基本原则。同时,基于前文分析的问题及当期需要关注的发展趋势,对推进民营企业集群式海外投资提出如下几点建议。

(一)政府层面

1.纳入"一带一路"建设全局进行考量

在集群式海外投资的影响因素中,经贸关系是一个关键因素,由此,国家层面有必要构建友好稳定的经贸关系,我国目前开展的"一带一路"建设正在这方面发展。我国应先与潜在及现有的东道国建立良好的经贸关系,并适应东道国的经济政治环境,为进一步的集群投资奠定基础。建议将集群式海外投资纳入"一带一路"建设全局进行考量,把合作区建设作为具体实现途径。首先,要在意识上提高对合作区的重视,争取与更多的"一带一路"沿线国家签订合作区建设协议,并对国内企业加强引导;其次,要做好"一带一路"沿线海外经贸合作区的整体规划,在空间分布和行业分布上做好宏观把握,与"一带一路"的顶层设计相嵌合;最后,在海外的现有集群基础上更有力吸收新晋企业投资。

2.加大集群投资优势的宣传力度

调查显示,由于海外园区建设期并不长,民企大部分对其内在优势并不了解,即使有"走出去"的动力与意愿,也往往得不到园区的支持。因此,加大海外合作区集群优势的宣传力度,吸引更多的民企进驻园区,显得十分重要。一是通过各级商务工作会议或专题推进会,向中小民营企业集中的地区,宣讲我国海外合作区的建设情况,将合作区内享有的税收减免、财政补贴、信贷优惠等政策广泛地传达给企业。二是鼓励牵头企业(园区主建企业)加大宣传力度,向有意向入园的相关企业宣讲我国与东道国的有关政策、园区建设情况等。三是组团考察园区。通过当地政府部门与行业商会等组织形式,带团赴海外园区实地考察,进一步了解园区,为入驻园区打下基础。

3.加强对行业龙头企业的培育

通过对20个国家海外经贸合作区的考察发现,投资行为无一例外都是由行业龙头企业发起并先行对外投资(园区主建企业)。由此,龙头企业的国际竞争力显得尤为重要。一是精准筛选培育对象。对集群内有一定影响力、实力与规模较大的企业,尤其是具有较为丰富的国际化经营经验且有意向开展海外投资的企业,优先给予培育。二是给予政策扶持。对培育对象,以带动行业内中小企业"走出去"为目标导向,设立资金、土地、人才等优惠政策,优化其经营环境,培育其国际竞争力。三是发挥行业协会的中介作用。行业协会具有信息优势,能起政府与企业之间的桥梁作用。行业协会应充分分析龙头企业海外投资所面临的实际困难,宣传当地政府相关政策和指导思想,同时协助做好海外园区的宣传,协调好龙头企业与其他企业的关系。

4.构建企业多元海外融资渠道

合作区建设要求巨额的资金投入,单个企业依靠自有资金进行投资的压力较大,建立多元化的融资渠道是投资企业及入园企业普遍的诉求。目前建议从两个维度进行考虑:一是积极引进银行类金融机构及专项基金,如引进亚洲投资银行、丝路基金等,使得合作园区内的融资环境能够更加完善。二是打通国内民间资本进入海外经贸合作区的关节。我国国内有着大量的民间资本存量,这些资本很多被闲置或者低效利用。但我国对个人海外投资管控力度较大,民间资本"走出去"投资渠道不畅。因此,在合作区建设过程中要为民间资本的进入打开通道,让闲散的民间资本得到充分利用。具体地,搭建民企民资进入的广阔平台,设置民间资本投资海外经贸合作区专用绿色通道,完善民间资本参与机制。

5.建立海外投资风险防控体系

始终将"防控风险不盲动"作为海外投资的前提。本着"注重预防、强化沟通、完善机制、及时处理"的风险防控思路,把风险防控融入海外投资全过程。一是建立风险防范预警机制。建立海外经贸合作区所在国的国别风险信息发布平台,通过发布风险信息、促进政府磋商合作常态化、设计人身财产保护预案等具体措施,为企业海外经营保驾护航。二是完善海外投资保险制度。由商务部牵头,积极与有关我国政策性保险公司签订合同,为建区和入区企业提供国别风险分析咨询、投资保险、出口信用保险和担保等一揽子保险服务,降低突发事件对企业的负面影响,保障海外经营的可持续性,普遍提高受益面。三是提供涉外法律服务。由政府部门牵头成立海外法律救济组织,对由于政策法规变化而导致的风险,及时进行干预与支持。

(二)企业层面

1.加快招商引资进程

成熟的集群式海外投资,需要一个产业(或企业)集聚的过程。调研显示,大部分海外园区集聚过程较为缓慢,入园企业数量不足,远未达到规划数量,需要加大招商力度。一是园区通过网站或平台,加大宣传力度,让更多相关产业了解园区建设情况,并产生投资意愿。二是创新招商方式,发挥主建企业在行业中的龙头地位与影响力,通过展会、交流会等形式,有力带动一批与产业相关的中小企业入驻。三是吸引当地企业入园,吸引东道国当地配套企业的进入,将有利于园区与当地的融合,促进园区可持续发展;同时,应面向全球,尤其是引进与园区相关的全球知名企业,将有利于进一步激活园区。当大量民营企业争相进驻合作区时,以龙头产业为核心,其他相关产业为辅助的完整产业链就更容易形成。

2.提升产业紧密度与关联度

集群式海外投资的竞争力在于,产业紧密度与关联度带来的集群效应。因此,针对海外园区产业松散等现状,建议如下:一是做好园区产业规划与定位。海外园区是产业投资的集聚地,应根据自身及东道国产业情况,提前做好产业规划,为后续发展提供基础。二是建立合理科学的入园企业筛选机制。园区在后续招商的过程中,从企业产品结构、经营管理、企业文化等多角度考察,设计科学的评估指标体系,建立合理的企业审核机制。三是要对园区运行做宏观上的把控。对偏离园区规划的企业和经营活动加以调整,以保证园区的整体规划得以落实,最大程度上发挥合作区的集群效应和行业相关性。

3.创新海外发展平台

我国企业在进行海外集群式投资过程中,应发挥海外华商传统抱团优势,着重建设华商共同发展平台。一是要加快集群式海外投资的拓展。借助"一带一路"建设的契机,加快在欧洲、非洲、中东欧、东南亚等地方的拓展,尤其在东南亚的泰国、菲律宾、马来西亚、新加坡等。二是要做好海外园区的升级和功能多元化。目前国家不再对单一的工业园区提供补贴支持,但农业园、资源开发园以及物流园等新型的园区仍有补贴政策,可考虑将工业园转型升级物流园等。三是加快跨境商务与海外仓建设。应积极参与"一带一路"沿线国家跨境电商平台,培育自主出口品牌,借助全球各个主流电商平台渠道,通过遍布世界各地海外运营中心的本土化营销平台,让世界各地企业可以借助跨境云轻松地实现全球目标市场的一站式本地化营销和服务。

4. 加大国际化专业人才外引与内培

人才资源短缺是合作区企业的普遍性问题,海外经营对企业人才在语言能力、文化理解能力、公关能力提出额外的要求,企业既需要精专人才,又需要具有综合素质的人才。在海外企业经营战略中要为人才引进与培养预留空间,建议引进与培养两手抓。一是外部引进,从国内、东道国或其他国家引进高层次国际化人才,为企业管理、技术创新等解决人力资源的短缺问题;二是当地培养,包括管理人员与普通员工。当地人才对东道国的国情民俗较为了解,对本土市场的认知程度也优于国内人员,当地的管理人员对当地一般员工的管理具有天然的亲和性,有利于企业经营的效率和稳定。由此,海外企业应该深刻理解人才培养与使用中的文化差异,为方便不同文化背景的员工进行沟通,建立文化交流平台,以减少企业在海外投资遇到的文化障碍。

5. 加强与当地"三融"

调研发现,一些海外园区仍有面临"孤岛式"窘境的现象,与当地经济发展融入不足,因此,应尽快融入当地社会经济建设中,实现"共同发展"。一是促进产业融合。园区应加大引进当地企业,采取合资或合营的方式,采购当地原材料,选用当地供应商,与当地企业合作,谋求与当地企业共同利益的交汇点,不断加深园区与当地企业的融合。二是促进员工融合。加强园区属地化管理,提升园区员工的培训力度,建立高校与园区人才培养的长效机制,创造新的就业机会,吸引当地居民到园区就业,提高当地的就业率。三是促进社区融合。园区企业应该积极履行社会责任,开展慈善公益活动,在力所能及的范围内,积极改善当地的医疗、教育、基础设施等落后现状,使当地人民能够享受到园区企业的发展成果。

四、研究不足与展望

本书就集群式海外投资,从选择机理、发展模式及国际借鉴比较做了一些探索性研究。由于本课题选题具有一定难度,政策性与实践性较强,尤其在数据收集与处理、文献查阅和理论基础凝练等方面工作量较大,加之课题组在专业知识、研究方法与宏观政策的把握上都存在一定的局限,故本课题研究仍存在诸多不足,有待进一步研究。

(一)理论模型的构建与完善

通过文献查阅,笔者发现大多文献集中于海外投资,关于集群式海外投资领域的研究,仍缺乏将集群概念纳入主流国际投资模型的框架。事实上由于集群概念难以数字化,目前国外学术界也尚未构建集群对外直接投资的标准理论模型。本课题组尽管通过构建计数模型回归方程,利用浙江省样本数据从东道国研究吸引我国企业对其直接投资集群的各类因素,但该模型仍有待于进一步完善。此外,课题组尽管已经考虑了较多的东道国因素,但仍未研究东道国社会发展因素对吸引我国企业集群投资的影响,这是因为目前国际学术界对各国社会发展的度量尚未统一,这也是未来从社会学视角来研究企业对外直接投资的方向。

(二)实证研究与数据获取

尽管课题组利用了商务部网站及相关数据库,以浙江省企业为样本数据开展了实证研究,但仍缺乏微观层面企业对外直接投资规模的数据。本书仅衡量对外直接投资项目的集群,未能研究其规模的集群,有待于相关政府部门和学术机构合力构建完善的微观企业对外直接投资数据库。此外,课题组成员利用了海外访学等机会开展了专题调研,但对集群式海外投资企业的调研存在诸多不便,只对其牵头企业开展调研,而对其微观数据,如单个入园企业数量、投资规模、生产效应等难以获得。报告中尽管大量采用案例分析方法,但对案例比较梳理以及寻找一般性规律,仍有待于进一步研究。

(三)研究内容有待进一步拓展

课题组尽管分别对集群式海外三种模式进行研究,但由于篇幅及研究深度等问题,仅集中对海外经贸合作区进行深度研究(第五章至第七章),对其他两种模式则侧重于发展历程及机理研究,轻于对其发展问题及成因分析。例如,传统意义上海外商城发展面临瓶颈并出现萎缩,取而代之的是无形商城、营销网络,或升级转型为海外经贸合作区(商贸物流园),目前仍缺乏对其演变原因的分析。海外华人产业集群大多属于劳动密集型的微型企业,低端锁定现象明显,受外界经济、政策等因素的影响较大,其未来变化趋势等均有待于进一步分析。

参考文献

[1]Amin A, Thrift N. Neo-Marshallian nodes in global networks[J]. Internal Journal of Urban and Regional Research,1992,16(4),571-587.

[2]Athreye S, Kapur S. Introduction: The internationalization of Chinese and Indian firms: Trends, motivation and strategy[J]. Industrial and Corporate Change, 2009(2): 209-221.

[3]Baron R A, Markmall G D. Beyond social capital: The role of entrepreneurs' social competence in their financial success[J]. Journal of Business Venturing, 2003(18):41-60.

[4]Beugelsdijk S. Smeets R, Zwinkles R. The impact of horizontal and vertical FDI on host's country economic growth[J]. International Business Review, 2008(17): 452-472.

[5]Blomstrom. M and Kokko. A. The economics of foreign direct investment incentives[R]. NBER Working Paper: 2003: 9489.

[6]Boisot, M. and Meyer, M. Which way through the open door? Reflections on the internationalization of Chinese firms[J]. Management and Organization Review, 2008(3): 349-365.

[7] Brautigam D. The dragon's gift [M]. London: Oxford University Press,2011.

[8]Brautigam D, Tang Xiaoyang. African Shenzhen:China's special economic zones in Africa [J]. Journal of Modern African Studies,2011,49(1): 27-54.

[9]Buckley P, Clegg J, Cross A, et al. The determinants of Chinese outward foreign direct investment[J]. Journal of International Business Studies,

2007(4)：499-518.

[10]Buckley P，Ghauri P. Globalization，economic geography and the strategy of multinational enterprise[J]. Journal of International Business Studies，2004(35)：81-89.

[11]Chand M，Ghorbani M. National culture，networks and ethnic entrepreneurship：A comparison of the Indian and Chinese immigrants in the US [J]. International Business Review，2011(20)：593-606.

[12]Chenug Y，Qian X. Empirical of China's Outward Direct Investment[J]. Pacific Economic Review，2009(3)：312-341.

[13]Cook G，Pandit N，Loof H，et al. Geographic clustering and outward foreign direct investment[J]. International Business Review，2012(21)：1112-1121.

[14]Coviello N. The network dynamics of international new ventures[J]. Journal of International Business Studies，2006(37)：713-731.

[15]Dihcken P. Global shift：Mapping the changing contours of the world economy[M]. London：Sage，2011.

[16]Driffield N，Love J，Taylor K. Productivity and labor demand effects of inward and outward foreign direct investment on UK industry[J]. The Manchester School，2009(77)：171-203.

[17]Driffield N，Love J. Linking FDI motivation and host economy productivity effects：conceptual and empirical analysis[J]. Journal of International Business Studies，2007(38)：460-473.

[18]Dunning J H. Location and the multinational enterprise：a neglected factor? [J]. Journal of International Business Studies，1998，29(10)：45-66.

[19]Dunning J H. Multinational enterprises and the global economy[M]. Workingham：Addison-Wesley，1993.

[20]Dunning J H. The eclectic paradigm as an envelope for economic and business theories of MNE activity[J]. International Business Review，2000(9)：163-190.

[21]El-Gohari A，Sutherland D. China's special economic zones in Africa：the

Egyptian case, global economic recovery: The role of China CEA conference[M]. London: University of Oxford,2010.

[22]Grossman G M, Helpman E, Szeidl A. Optimal integration strategies for the multinational firm[J]. Journal of International Economics, 2006(70): 216-238.

[23]Helpman E. A simple theory of international trade with multinational corporations[J]. Journal of Political Economy, 1984(92): 451-471.

[24]Kolstad I, Wiig A. What determines Chinese outward FDI[J]. Journal of World Business, 2012(47): 26-34.

[25]Kuemmerle W. The drivers of foreign direct investments into research and development: An empirical investigation[J]. Journal of International Business Strategy, 1999(30): 1-24.

[26]Le Bas, C, Sierra C. Location versus home country advantages in R&D activities: some further results on multinationals' location strategies[J]. Research Policy, 2002,31(4): 589-609.

[27]Luo Y, Xue Q, Han B. How emerging market governments promote outward FDI: Experience from China[J]. Journal of World Business, 2010 (1): 68-79.

[28]Makino S, Beamish P, Zhao N. The characteristics and performance of Japanese FDI in less developed and developed countries[J]. Journal of World Business, 2004(4): 377-392.

[29]Markusen J, Maskus K. Discriminating among alternative theories of the multinational enterprise[J]. Review of International Economics, 2002 (10): 694-707.

[30]Markusen J. Multinationals, multi-plant economies, and the gains from trade [J]. Journal of International Economics, 1984(16): 205-226.

[31]Pekhooi S. The role of networking alliances in information acquisition and its implications for new product performance[J]. Journal of Business Venturing, 2003, 18: 727-744.

[32]Poter M. The competitive advantage of nations[J]. Competitive Intelli-

gence Review,1990,1(1).

[33]Rafael A，Rodríguez R，Aurelio J，et al．What you know or who you know? The role of intellectual and social capital in opportunity recognition [J]．International Small Business Journal．2010，28(6):566-582．

[34]Wang C，Hong J，Kafouros M，et al．What drives outward FDI of Chinese firms? Testing the explanatory power of three theoretical frameworks [J]．International Business Review,2012(21)：425-438．

[35]Wells L T．Third World Multinationals［M］．Cambridge，MA：MIT Press，1983．

[36]Yamakawa Y，Peng M W，Deeds D L．What drives new ventures to internationalize from emerging economies[J]．Entrepreneurship Theory and Practice，2008(1)：59-82．

[37]Yang X，Jiang Y，Kang R，et al．A comparative analysis of the internationalization of Chinese and Japanese firms[J]．Asia Pacific Journal of Management，2009(1)：141-162．

[38]白小虎.浙江专业市场理论、实践与研究展望[J].中共浙江省委党校学报，2008,24(6):112-117.

[39]蔡江静,汪少华.以产业群为依托的专业市场的发展分析——以浙江台州专业市场为例[J].当代财经,2005(8):88-96.

[40]蔡宁,杨旭.论企业集群和中小企业国际化发展[J].中国软科学,2002(5):55-58,36.

[41]曹迎莹."一带一路"战略下海外经贸合作区发展研究[D].温州:温州大学,2016.

[42]陈菲琼,钟芳芳.中国海外直接投资政治风险预警系统研究[J].浙江大学学报(人文社会科学版),2012,42(1):87-99.

[43]陈菲琼.中国海外投资的风险防范与管控体系研究[M].北京:经济科学出版社,2015.

[44]陈雪芹.调整模式建立集群式对外投资战略[N].中国改革报,2013-06-28(02).

[45]陈岩,杨桓,张斌.中国对外投资动因、制度调节与地区差异[J].管理科学,

2012(6):112-120.

[46]崔新健,吉生保.跨国公司在华研发投资的区位选择决定因素——基于中国规模以上工业企业面板数据的实证研究[J].经济地理,2009(1):54-58.

[47]杜江,宋跃刚.制度距离、要素禀赋与我国OFDI区位选择偏好——基于动态面板数据模型的实证研究[J].世界经济研究,2014(12):47-52,85.

[48]高闯,王季.基于全球价值链的我国高技术企业集群国际化路径研究[J].经济管理,2007(16):4-9.

[49]耿颖.我国海外经贸合作区的政治风险及其防范——以越南龙江工业园为例[D].温州:温州大学,2017.

[50]杭言勇.浙江中小民营企业"抱团"国际化途径探讨[J].杭州电子科技大学学报(社会科学版),2011(3):21-24..

[51]何本芳,张祥.我国企业对外直接投资区位选择模型探索[J].财贸经济,2009(2):96-101.

[52]洪联英,张云.我国海外经贸合作区建设与企业"走出去"战略[J].国际经贸探索,2011(3):48-54.

[53]侯茂章,汪斌.基于全球价值链视角的地方产业集群国际化发展研究[J].财贸经济,2009(5):68-73,136-137.

[54]胡博,李凌.我国对外直接投资的区位选择——基于投资动机的视角[J].国际贸易问题,2008(12):96-102.

[55]胡志军,温丽琴.中国民营企业对外直接投资新特点与新问题研究[J].国际贸易,2014(6):30-33.

[56]黄磊.浙江民企集群对外投资优势及支持政策研究[D].宁波:宁波大学,2012.

[57]贾玲俊,萨秋荣.中国海外经济贸易合作区发展现状探析[J].对外经贸实务,2015(8):25-28.

[58]昆山台企增资扩能启动新引擎[N].苏州日报,2017-06-28(09).

[59]李春顶.海外经贸合作区与我国企业"走出去"[J].国际经济合作,2008(7):25-28.

[60]李青.我国海外经贸合作区区位选择研究[D].天津:天津财经大学,2012.

[61]李雪雁.改革开放以来非公企业对外直接投资研究[D].温州:温州大

学,2015.

[62]李阳,臧新,薛漫天.经济资源、文化制度与对外直接投资的区位选择——基于江苏省面板数据的实证研究.国际贸易问题,2013(4):148-157.

[63]李永刚.浙江民营企业的群落式衍生扩张[J].中共杭州市委党校学报,2001(5).

[64]厉蓓蕾,杨德目.实际利用外资创历史最高[N].温州商报,2005-01-17(06).

[65]刘耘.促进我国中小企业联盟式跨国经营的财税政策探讨[J].经济纵横,2006(11):67-69..

[66]陆立军,白小虎.从"鸡毛换糖"到企业集群——再论"义乌模式"[J].财贸经济,2000(11):64-70.

[67]毛蕴诗,袁静.跨国公司对华直接投资策略:趋势与特点[J].管理世界,2005(9):48-58.

[68]聂名华.论中国企业对外直接投资的风险防范[J].国际贸易,2008(10):4-8.

[69]欧阳峣.民营企业对外直接投资——理论、战略、模式[M].北京:商务印书馆,2007.

[70]潘峰华,刘作丽,夏亚博,等.中国上市企业总部的区位分布和集聚特征[J].地理研究,2013(9):1721-1736.

[71]潘欣怡.泰国泰中罗勇工业园:抱团走出去的成功实践[EB/OL].(2009-06-04)[2019-07-05].新浪财经网,http://finance.sina.com.cn/g/20090604/10346304137.shtml.

[72]綦建红.中小企业"产业集群式"投资:现阶段我国企业对外投资的理想模式[J].山东社会科学,2003(5):22-24.

[73]汤晓军,张进铭.企业异质性与对外直接投资决策——基于中国制造业百强企业的分析[J].江西社会科学,2013(1):61-65.

[74]陶攀,荆逢春.中国企业对外直接投资的区位选择——基于异质性企业理论的实证研究[J].世界经济研究,2013(9):74-80.

[75]万小军.海外投资带动出口3.5亿美元[N].温州商报,2004-01-12(05).

[76]王春光.温州人在巴黎:一种独特的社会融入模式[J].中国社会科学,1999(6):106-119.

[77]王芳芳,赵永亮.企业异质性与对外直接投资区位选择——基于广东省企业层面数据的考察[J].世界经济研究,2012(2):64-69.

[78]王辉耀,康荣平.主编世界华商发展报告(2017)[M].北京:中国华侨出版社,2007.

[79]王健朴.我国对外直接投资的宏观风险:识别、管理机制与策略[J].金融与经济,2010(9):29-31.

[80]王永钦,杜巨澜,王凯.中国对外直接投资区位选择的决定因素:制度、税负和资源禀赋[J].经济研究,2014,49(12):126-142.

[81]王志乐.跨国公司在华投资新趋势[J].中国外资,2003(3):6-11.

[82]吴晓波,丁婉玲,高钰.企业能力、竞争强度与对外直接投资动机——基于重庆摩托车企业的多案例研究[J].南开管理评论,2010(6):68-76.

[83]肖慧敏,刘辉煌.企业特征与对外直接投资的自我行为选择[J].国际经贸探索,2013(9):82-92.

[84]肖文,殷宝庆.中国民营企业投资欧盟的模式选择[J].中共浙江省委党校学报,2010,27(3):93-97.

[85]谢健.企业经营国际化区域经济国际化中的温州模式[J].财贸经济,2005(12):86-89.

[86]谢健,任柏强.温州民营经济研究:透过民营经济看温州模式[M].北京:中华工商联合出版社,2000.

[87]谢孟军,郭艳茹.法律制度质量对中国对外直接投资区位选择影响研究——基于投资动机视角的面板数据实证检验[J].国际经贸探索,2013(6):107-118.

[88]徐维祥,朱恒福.外商群体投资、外向配套与地方经济发展:以浙江省为例[J].经济地理,2010,30(4):614-618.

[89]薛汉喜.区位进入理论与企业集团的国际化扩张——以海尔集团为例[J].地理研究,2002(7):519-527.

[90]严日旺.浙江民营企业集群式对外直接投资研究[D].杭州:浙江工商大学,2013.

[91]阎大颖,洪俊杰,任兵.中国企业对外直接投资的决定因素——基于制度视角的经验分析[J].南开管理评论,2009(6):135-142.

[92]阎大颖.中国企业对外直接投资的区位选择及其决定因素[J].国际贸易问题,2013(7):128-135.

[93]杨挺,田云华,邹赫.2013—2014年中国对外直接投资特征及趋势[J].国际经济合作,2014(1):25-32.

[94]衣长军.民营企业对外直接投资模式创新[J].经济纵横,2008(1):121-123.

[95]于盟.美出口管制政策继续歧视中国[N].国际商报,2011-06-30(03).

[96]余官胜,李会粉.横向、纵向抑或两者兼具——中国企业对外直接投资动机实证研究[J].财贸研究,2013(5):79-85.

[97]余官胜,林俐.民营企业因何动机进行对外直接投资?——基于温州微观企业数据的二值选择模型实证研究[J].国际经贸探索,2014(2):65-74.

[98]余官胜,林俐.我国企业对外直接投资向哪国集群?——基于浙江省样本的计数模型实证研究[J].中南财经政法大学学报,2014(5):125-132.

[99]余官胜,林俐.企业海外集群与新晋企业对外直接投资区位选择[J].地理研究,2015(2):364-372.

[100]余官胜.企业对外直接投资、经济发展与国内就业——影响机理与中国实证[M].北京:社会科学文献出版社,2015.

[101]余索.中国企业海外产业园区开发的实践及体会[J].经济特区,2014(1):20-21.

[102]曾芳兰.中国海外经贸合作区建设的区位选择研究[D].昆明:云南大学,2016.

[103]翟金帅.“一带一路”战略下海外经贸合作区发展机理研究——以泰中罗勇工业园为例[D].温州:温州大学,2017.

[104]张冬霞.加强风险防范高水平规划建设海外经贸合作区[J].广东经济,2016(11):11-13.

[105]张广荣.民营企业与海外经贸合作区建设——基于温州地区民营企业的思考[J].国际经济合作,2008(8):31-35.

[106]张建刚.中国对外直接投资的区域均衡与动因差异研究——基于省级面板数据的实证分析[J].商业经济与管理,2011(10):75-81.

[107]张路.国有资本海外投资的风险控制及评价研究[D].北京:财政部财政科学研究所,2012.

[108]张鹏.我国企业对外直接投资风险及预警机制研究[D].济南:山东财经大学,2012.

[109]张为付.影响我国企业对外直接投资因素研究[J].中国工业经济,2008(11):130-140.

[110]张伟.韩国对华投资两成三落户山东投资金额已达82亿美元[EB/OL].(2013-06-05)[2013-06-12].新浪新闻,http://news.sina.com.cn/o/2013-06-05/151827320253.shtml.

[111]张向阳,陈楠希.对外投资下产业集群的跨境转移:一个链式效应的分析视角[J].江苏商论,2012(11):73-77.

[112]张昕."企业集群式"对外投资——我国中小企业跨国经营的新途径[J].技术经济,2010(6)42-45.

[113]赵建华.浙江海外经贸合作区现状分析[J].浙江统计,2009(12):55-56.

[114]赵伟.民营企业国际化:理论分析与典型案例研究[M].北京:经济科学出版社,2006.

[115]郑展鹏,刘海云.体制因素对我国对外直接投资影响的实证研究——基于省际面板数据的分析[J].经济学家,2012(6):65-71.

[116]郑展鹏.中国地区间OFDI空间集聚的演变特征及优化策略[J].经济问题探索,2013(10):40-44.

[117]钟慧中.中国贸易型对外直接投资的方式选择——基于交易治理与集聚理论的研究[J].国际贸易问题,2013(2):132-142.

[118]周欢怀,张一力.海外华人产业集群形成机理分析——以佛罗伦萨温商皮具产业集群为例[J].华侨华人历史研究,2012(4):50-58.

[119]周颖,陈林莉,潘松挺.我国海外经济贸易合作区发展研究[J].西安电子科技大学报,2008(9):6-8.

[120]朱国芬.中国中小企业"走出去"融资困境破解研究[D].成都:西南财经大学,2006.

[121]宗芳宇,路江涌,武常岐.双边投资协定、制度环境和企业对外直接投资区位选择[J].经济研究,2012(5):71-82.

[122]邹昆仑.集群式对外直接投资的产业选择和政策安排[J].山东财政学院学报,2007(3):85-88.

后 记

本书研究缘于 2012 年国家社科基金项目。2012 年课题组申请到国家社科基金(12JBY147),便开始研究工作,从制订研究计划、收集研究素材、撰写研究报告到征询建议等,历时五年多,终于完成研究报告。我们一直在关注海外投资领域的研究,其间,课题组在《财贸经济》《地理研究》《国际贸易问题》等杂志发表了多篇论文,研究报告等阶段性成果得到各级政府部门的肯定并采纳。国家基金结题时,评审专家们对研究报告提出了一些中肯的建议。课题组按类进行研究,并逐条修改与完善文稿,为本书的出版奠定了良好的基础。2020 年初,书稿终于完成。但由于知识储备与时间的限制,书稿中很多想法没能找到足够的支撑数据与可靠的事实,研究还有待深入,同时错误和不妥之处也在所难免。在此,我诚挚地希望得到广大读者的批评指正。

本书研究要感谢许多人。首先本书调研工作得到外经贸部门及企业的大力帮助与支持,浙江省商务厅、温州市商务局等都为我们的调研工作提供了联络与支持,而受调研企业,尤其是海外园区的负责人在百忙之中接受采访,令人感动。如果没有他们的支持,要完成本书大量的前期调研是一件不太可能的事情。

本书研究得到许多前辈与同行的指导与支持。他们是我的良师益友。钟昌标教授多年来一直鼓励我要将本研究做下去,而且在研究过程中给了我许多技术性指导。张旭昆教授则在百忙之中抽空为本书写序。

本书的出版还得到浙江省哲学社会科学重点研究基地(温州人经济研究中心)与温州大学人文社科处的资助与支持。

同时,本书的完成还得益于我和同事们经常在一起讨论与交流,他们是余官胜、周欢怀、刘霞、陈文芝、张战仁、马媛、黄磊等。

　　本书的顺利出版,还要感谢浙江大学出版社,尤其是负责本书出版的石国华老师的辛苦付出,出版前他做了大量的沟通与协调工作;还有我的研究生黄洁、陈慧倩、栗振华等,他们协助我对本书进行了认真的校对。在此一并表示感谢!

林　俐

2020 年 9 月于温州大学茶山校园